重新发现中国　主编｜贺雪峰 沈山

陌生的熟人

理解21世纪乡土中国

杨华 著

Defamiliarized Acquaintances

Understanding
Earthbound China in
the 21st Century

广西师范大学出版社
·桂林·

MOSHENG DE SHUREN: LIJIE 21 SHIJI XIANGTU ZHONGGUO

图书在版编目（CIP）数据

陌生的熟人：理解21世纪乡土中国 / 杨华著. —桂林：广西师范大学出版社，2021.1（2025.2重印）

（重新发现中国 / 贺雪峰，沈山主编）
ISBN 978-7-5598-3279-5

Ⅰ. ①陌… Ⅱ. ①杨… Ⅲ. ①农村社会学－中国－21世纪－文集 Ⅳ. ①C912.82-53

中国版本图书馆CIP数据核字（2020）第192444号

广西师范大学出版社出版发行

（广西桂林市五里店路9号　邮政编码：541004）
网址：http://www.bbtpress.com

出版人：黄轩庄
全国新华书店经销
广西广大印务有限责任公司印刷
（桂林市临桂区秧塘工业园西城大道北侧广西师范大学出版社集团有限公司创意产业园内　邮政编码：541199）
开本：889 mm × 1 240 mm　1/32
印张：9.375　　　字数：190千字
2021年1月第1版　　2025年2月第5次印刷
定价：47.00元

如发现印装质量问题，影响阅读，请与出版社发行部门联系调换。

目 录

序 言 / 1

一 熟人社会什么样子?

家族、公私观念与村庄主体性建构 / 9

"血缘共同体"与"关系共同体" / 17

为什么南方农民"不看《新闻联播》"? / 25

熟人社会交往的公共性问题 / 33

无主体熟人社会的想象 / 43

二 农民交往如何展开?

农村人情值多少钱? / 59

怎样才能成为"自己人" / 69

村庄预期与"气"的救济机制 / 81

"气"与农村老年人自杀 / 88

三 农民活着为哪般？

南方村落为什么很少杂姓村民？/ 97

村落生活中的面子 / 105

农民要怎么"过日子" / 115

农民怎样使日子过下去？/ 125

四 农村妇女怎样生活？

婆媳关系几回合 / 133

农村妇女要怎样活着？/ 148

婚姻中的归属与爱情 / 158

农村妇女为自己"立法" / 170

那些涂脂抹粉的农村中年妇女 / 180

农村留守妇女不弱势 / 186

一个农村年轻女性自杀的个案分析 / 193

五 乡土社会往哪变化？

熟人社会在陌生化 / 201

传统仪式在衰弱 / 209

代际关系何以失衡 / 217

农村纠纷性质在变化 / 225

"自己人"的纠纷怎么调解 / 233

农民何以迎法下乡 / 243

六　农民家庭怎么分化？

兄弟为什么会竞争 / 253

竞争压力何以传到老人身上？/ 262

农村血缘地缘关系在瓦解 / 271

不同地区农民分化的差异 / 275

农村中的去阶层分化现象 / 284

后　记 / 293

序　言

一

　　1940年代，费孝通先生在田野调查和儒学经典的基础上铸就了《乡土中国》这部传世之作。该书中的"熟人社会""差序格局"等概念迄今仍然被学界不断征引、诠释或拓展，彰显出强大的学术生命力。

　　在传统的乡土中国，农民缺乏流动性。村庄成为一个亲密社群，是为熟人社会。所谓熟悉，不仅是信息对称，而且村民共享一套礼俗。费孝通先生曾说，乡土社会的信用是发生于对一种行为的规矩熟悉到不假思索时的可靠性。对于传统礼俗，人们世代相传，并加以遵守，形成礼治秩序。这种秩序就是乡土性。

　　熟人社会中的礼俗规则，指导人们处理公与私的问题。所谓公与私，在费孝通先生那里，是群己、人我的界限怎样划分的问题。他曾用"差序格局"来描摹乡土中国的社会结构特征，以比照西方社会的"团体格局"。"差序格局"好比一个圈子，每个人都是圈子的中心，在圈子之内的人，就是自己人，之外就是外人。农民在对待自己人和外人时遵循着不同的规则。只要是自己人，一切都可以商量。如果是外人，那就得公事公办，按程序和制度来。乡土中国的社会交往遵循着特殊主义的逻辑。传统礼俗实际上是"维系着私人的道德"。

概言之，在传统的乡土中国，礼俗规范着农民的行为。农民对村庄具有较强的归属感。村庄具有解决日常纠纷的内生能力。村庄是一个自洽的共同体，皇权不下县亦可以维系村庄秩序。

二

半个多世纪过去了，历经革命、政权建设、市场化等现代化冲击的当代中国农村，早已不是费孝通先生笔下的"乡土中国"。农民不再被束缚在土地上，村民之间难以知根知底了，"皇权"下县了，农民开始"迎法下乡"了。这一切，都意味着当代中国农村正在迈向一个"新乡土中国"。

在21世纪初，贺雪峰教授写下《新乡土中国》这一影响甚巨的作品。该书通过对村民选举、农民合作、村级债务、农民上访等问题的深度观察，十分详尽、鲜活地呈现了1990年代至本世纪初中国农村社会的变化。该书提出的"半熟人社会""村庄社会关联"等概念同样被学界广泛援引和讨论。

当代中国农民的行动逻辑正在发生巨变。这种巨变不仅体现为农民行为、交往规则方式之变，而且体现为社会结构之变、农民价值之变。贺雪峰教授认为，农民价值之变是当前中国农村社会的根本性变化。不理解农民价值的变化，就无法理解农村巨变的实质。农民价值发生变化，意味着农民有了新的人生意义和归属。在许多地区的农村，受市场经济和人口流动等因素的影响，农民对村庄的归属感正在减弱。农民的"主体性"正在丧失。农民不仅"身体不在村"，而且"人心不在村"。村庄还缺乏一套能为村民所共享和遵循的公共规则。村庄社会关联日渐松散，人际关系日益理性化，村庄公共性日趋消弭。

此时，村庄已经不再是农民知根知底、互帮互助的"熟人社会"，而是转变为"半熟人社会"，甚至是吴重庆意义上的"无主体熟人社会"。人们的行为正越来越少地遵循乡土逻辑，而越来越多地拥抱市场逻辑。

三

进入21世纪以来，农村人口流动进一步加剧，市场经济渗透进一步加深，城镇化步伐进一步加快。如果说《新乡土中国》主要关注了1990年代的中国农村，那么进入21世纪的中国农村又发生了哪些新的变化？杨华的这本随笔集为这个问题做出了一些解答。

理解"乡土中国"是杨华多年来孜孜以求的学术目标。在早前出版的《绵延之维》《隐藏的世界》等著作中，他就从不同角度对这一问题展开了调查与思考。多年来，杨华的足迹踏遍大半个中国，他寻访过成百上千家农户，蹲点农村逾八百个工作日，写就各类作品达数百万字。这本集子正是杨华长期在农村调研积累的重要成果。

在书中,杨华讨论了纠纷调解、人情往来、村庄选举、农民寻短见、婚姻爱情、农民分化等多个主题。这些议题虽然分散,但贯穿其中的主线是以熟人社会为参照系,阐释当前中国农村的"去熟人社会"特征和逻辑,并以此来解释作者所观察到的各类村庄政治社会现象。

每一代人都有每一代人的成长环境。每一代人都只能立基于自身所处的时代环境来观察世界。杨华于2007年左右开启学术之路,他对农村社会的系统调研和观察也发轫于此。杨华是希望本书能够勾勒出新世纪前两个十年农村社会的一些变化。以我的理解,本书不仅在研究的时空上和观察的对象上不同于《乡土中国》和《新乡土中国》,而且在提炼的学术命题上和讨论问题的视角上也与二者存在诸多差异。特别是作者对农民生命价值变化和农村社会分化问题的理解,都是相当独到且精辟的。在这个意义上,本书延续了《乡土中国》和《新乡土中国》的一些传统议题,同时又开拓了一些新的领域。

按照现在的学术标准,这不算一部规范的学术专著。但是,我认为这本书所彰显的社会学想象力,以及所呈现的对当下中国农村的厚重理解和真切体验,却是众多所谓规范学术作品无法企及的。在这个讲究规范却言之无物的学术作品泛滥的时代,阅读这本经验鲜活、充满灵气又富有启迪的佳作无疑是一种思想和精神上的享受。

杨华是我的同学,我对他的情况可谓相当了解。他不仅异常勤奋,而且有敏锐的洞察力和想象力,又善于思考。早在读硕士期间，他就对家乡的村庄进行了深度观察和调研，写了数十万字的调研报告。本书中的一些思想，就有他早年家乡社会学调研的影子。当然，他思考、研究的深度和广度早已今非昔比。

是以，当杨华邀我为这本书写序时，我备感惶恐，唯恐以我浅陋的学识难以准确而完满地表达其著作的真切意涵。但我还是非常乐意向读者诸君推荐这部闪烁着智慧光芒的佳作。

是为序。

田先红

2020年5月10日于华中师范大学中农院

一 熟人社会什么样子?

家族、公私观念与村庄主体性建构

在2007年暑假的扶沟农村调查中，我了解到这样一件事：王盘庄要填低洼路，庄负责人家里恰有数十方砖渣，可以填补村组旁的某一路段，且完全可由其个人把整个事情办成，无须请人帮忙；但庄负责人并未这样做，而是在庄里招呼了四五个不同姓氏的男子一起作业。当被问及为什么要多此一举时，该负责人的答复是，填补路面是全庄的事情，是公家的事，如果由他私人去干，其他家族会有看法；如果招呼的这四五个人全部来自同一个家族，其他家族也会有意见。这个故事向我们揭示了北方村庄中家族、公私观念与村庄主体性的关系问题。

一

在北方多姓共居的村庄里，族际关系是最重要的关系，其重要性远远超过家族内部的关系。这是因为，家族内部的关系远不能上升到村庄层面，族内纠纷一般有家族里的尊长、族长出面解决，很少会闹到村庄。家族之间的事情则是任何单一家族都无法独自圆满解决的，即使是居于强势地位的家族也无法以自身的名义对族际事务进行裁决，须以家族联合的名义实施。这说明在北方村庄，家族之间的事务必须经由家族之上的力量来处理。

论公私观念，"私"是有界限的：在一个家族内，家庭（"小私"）和家族（"大私"）就是"私"的边界，两者之间皆为"私"。两者之外，即家族之间，则都是"公"。家庭（"小私"）所引发的问题是私问题，可以在家族（"大私"）中得以解决。家族虽大于家庭，却仍旧是"私"，再大的"私"也无法充当"公"。"私"与"私"之间永远是不信任的，因此，家族之间的事情必须由一个建基于家族"私"之上的"公"来解决。这个"公"最近的是家族的联合体，如"会首制度"，由各家族族长组成，负责村庄的行政和社会事务，族长一票赞成等于全族人赞成。"会首制度"就是村庄内生的、"私"之上的具体的"公"，族际间的事情只有由这个"公"经手，才能获得合法性与合理性。在北方，"公"的创造有其特殊的村庄性质内涵，它首先要解答的不是家庭引发的问题，而是家族之间的事情。

对建立于并超越家族"私"之上的"公"的寄寓，使得北方村庄对"公"有着特殊的情感。"公"能够解决"私"无法做的事情，特别是攸关村庄利益和长远发展的集体决策问题。为了克服村集体决策中来自不同家族的抵制，村庄较早发育出了集体决策机制。晚清和民国时期华北农村普遍存在的会首制度，就是这种集体决策机制的典型。

"私"的问题"私"内解决，比如"小私"（家庭）容易"搭便车"的坏习惯可在"大私"（家族）内矫正过来。经由

"大私"之后，作为村庄"公"的象征的会首制度就不直接面对无数"小私"，而是只与有限的"大私"打交道。换句话说，集体决策或集体实践中的"搭便车"问题在"大私"内就已经解决，而无须推到"公"这一层级，从而解放了"公"。"搭便车"是个体小私的事，不是"公"的事，不涉及"大私"之间的事，因此这一问题只能在家族"大私"内解决，而不交由"公"处理。同时，"公"也不应该介入家族内部事务，家族内部的纠纷、矛盾都是私事，理应在家族内部通过族长、尊长等来解决。家族之间的纠纷，如宅基地纠纷、地界纠纷、邻里矛盾、树木纠纷等，则是组长、村干部、治保主任等"公"的事情，他们责无旁贷。总之，"小私"（家庭）一般不与"公"直接打交道。

另外，公事就得"公"办。"私"办公事被认为是对其他家族或家庭的排挤，是对其他家族的蔑视和侮辱，企图将人家排除在"公"的范围之外。因此，与私人"搭便车"的逻辑完全不同，公事不存在"搭便车"的现象，每个家族都要尽量争取自己在"公"中的份额。即使再小的家族，哪怕只有数户人家，他们在组代表会议上也要争取自己的权利。在公事中争取份额，即为公家出力办事，是在"公"中地位的象征；逃逸"公"的事务，搭"公"的便车，意味着放弃发言权，自我边缘化。

二

村庄主体性建构的条件是对村庄"公"事的参与，而在北方村庄的公私观念中，个人或家庭作为"小私"无法直接达致村庄"公"这一层级，须经由家族（"大私"）这一中间体方能介入村庄"公"事，因此个体的村庄主体性首先表现为家族的村庄主体性。

家族主体地位的获取、主体身份的体验以及对村庄的主体感受，需要在"公"中完成。家族积极主动地介入村庄事务，在共同的行为实践中逐步树立起主体形象。一方面，他人感受到了家族在村庄共同体中的主体形象的凸显，可以切实地感觉其存在的状态和理由。另一方面，更为重要的是家族介入村庄公事，在家族的精神世界中建立起了对村庄共同体和自身的主体感受，把村庄共同体与自身紧密地联结起来，一是将自己当作村庄中的"人"，而不仅仅是私的、个体的人来体验；二是将村庄共同体当作自身的组成部分来感悟，而不是将它视为身外之物。一旦在人们的体验和感悟中，家族成为村庄共同体不可分割的一部分，村庄共同体也成为家族难以割裂的一部分时，家族在村庄共同体中的主体形象和主体意识就完整地建构起来了。

因此，在涉及"主体形象"与"主体意识"的建立与瓦解的问题上，家族（"大私"）是不可能轻易放弃对村庄公事的介入和参与的。任何在村庄公事上对其他家族的排斥或者遗忘，都会被认为是对其主体形象的损毁，是打压村庄共同体

"主体地位"的表现（即人们常说的"欺负我们门户小"），会触及家族主体意识这根敏感的神经。如果不及时处理，往往会酿成族际矛盾，派性斗争的主要源头就是对"公"的份额（特别是义务）的分配不公，是家族对自我在村庄中的主体形象和主体意识的争夺。一个不能在杂姓村庄争取和建立自己主体地位的家族不会是个兴旺的家族，它们在村庄共同体中的预期不会很长远，要么自然萎缩，要么搬出村庄。家族要想在村庄共同体中站住脚跟，就必须积极、主动地介入村庄的"公"的生活和事务，展现自己在村庄公事上的才华和热情。只有通过这种对"公"的高频度、高效率、内涵深刻的介入，家族才能建立自己在村庄中的主体地位，才能在其他家族面前树立"主体"的崇高形象，也才能塑造自己的主体体验和感受。有了对村庄的主体感受和体验，有了在他人心目中的主体形象，建立了在村庄中的主体地位之后，家族才能在村庄中有体面、有尊严，才有了家族生命的安全感、当地感，也才有了安身立命的可能。

家族的主体地位一经建立，首先表现为家族主体对村庄的责任意识。家族主体一旦视村庄为自己的村庄，而不是他人的囊中私物，就会将其作为自身的生命来体验，对其投以无限的情感。对村庄责任意识的生发，也加剧了不同家族对村庄"公"的事务的介入和竞争：每个家族无不在"公"的事务中寻求和占据某个位置，例如家族竞争村庄的主要公职。要有显耀的位置，突出自己的主体地位，就须有超群的力量。家族势力大，在村庄公事中就占有主要的角色，而弱小的家族则一般无法凸显自己的主体地位。家族主体对自己村庄的体验所生发的责任意识，反过来又促使其更深度地介入村庄公事，从而在新的层次上产生更为强烈的情感体验。

概括起来就是：家族主动介入村庄公事，能够生发和增强自身的主体感（主体地位、主体形象、主体体验），产生对村庄共同体的责任感；责任感又促使家族主体更深入地参与村庄公事。家族主体地位越高，个体的主体意识就越浓，对村庄的责任感也就越强烈。

家族主体性还表现在对自我的定义上。在村庄共同体中有主体地位和主体感的家族，与没有的家族对自身的定义完全不同。一个没有主体感的家族，往往把自身视为村庄共同体之外的东西，与村庄共同体没有多少瓜葛。它将自身与村庄隔绝起来，无法切身投入村庄内核去体验，个体（个人、家庭、家族）对生活的体验缺乏村庄的载体。而具备主体地位、形象和意识的家族，则能够将自身与村庄联结起来，把自己作为村庄不可或缺的一部分来看待、感受和体验。主体地位和主体感的气魄是："俺这个家族不出头，俺这生产队什么事也办不成。"这是一种正面、积极的气魄，家族自我感觉良好，有利于在共同体中形成一股良性竞争"主体"角色的氛围，把每个家族的力量和气势都调动起来。

从另一个方面来讲，把自身当作村庄共同体的一部分来体验，视自己的行为为共同体的行为，就得把自己管理好。所以家族内部事务的管理很重要，否则，若家族因内部矛盾而瓦解崩溃，无法整合其资源以应对"公"的召唤，那么其自身的主体形象和主体感受就都会受到损害和削弱，主体地位也会因此面临挑战。

三

以上论述了家族作为一个自为的个体在村庄中的主体地位，其主体性通过介入村庄公事而获得。那么，个人和家庭的村庄主体性又是如何建构的呢？

上文提到，个人和家庭作为"小私"，不直接触及"公"的事务，而是通过家族这个"大私"才能与"公"间接接触。因此个人和家庭无法像家族那样，通过主动介入村庄公事来建构自己的村庄主体性，在家族内部也不能建立自己对村庄的主体感受。换言之，个人和家庭的主体建构还得以家族为中介。这是个自发的过程，家族在村庄共同体中的地位通过个人对家族的情感体验扩散到家庭中去，使家庭也感受到家族的地位状态，并对这种状态做出价值判断。家族在村庄中有着自足的主体地位，个人和家庭自然也就认同了这样一种主体地位，并将此内化为自己的感受。

有对家族的体验，就有对家族主体地位的感受，这个感受是个人、家庭建立主体意识的前提，没有家族感受的人无法建立对村庄的主体意志。个体所在的家族越大，其对村庄的主体感受就越强，就越具有村庄主体性。反之，个体所在的家族小，家族在村庄中的分量小，其对村庄的主体感受就弱，其村庄主体性也不凸显。

北方村庄中家族的重要性由此凸显：它是个体（个人、家庭）获得村庄主体感和主体性的必要条件，是他们在村庄中的主体地位、形象和意识的基础。家族（"大私"）联结着个体（"小私"）与村庄（"公"），构成两者的桥梁，个人、家庭通过家族对村庄公事的参与，获得村庄共同体的主体地位和角色，村庄则依托家族对个体主体意识、形象（主体性、主体感）的建构，将无数的个体统合在麾下，保持村庄共同体的认同与一致行动的能力。缺少了家族的支撑，个体既无法建构自身的主体感、获得村庄主体性，已有的主体地位也可能逐步散失。

对这种情况的分析，在当前的北方农村具有很强的现实性，对于理解该地区农村的一系列政治社会现象至关重要：在家族已然解体的情况下，村民如何获得村庄的主体感和主体性；在没有家族的基础上，具有共同体主体地位的群体又如何逐渐放弃维护它们主体形象的努力，摒弃对村庄的主体体验和感受，使得主体感和主体性在这一两代人中慢慢流变。

也就是说，在家族解体的结构性背景下，村庄被分割为一个个独立的家庭，个体无力建立起对村庄的主体感受，单个家庭的主体形象无法凸显，造成的结果是村庄散失已有的主体性，而新的主体性又不能建立起来，村庄成了无主体性的村庄。

"血缘共同体"与"关系共同体"

在性质上,南方多单姓聚居,村落以单一血缘为共同体的联结纽带,形成宗族性的社会结构,即"血缘共同体";北方村落以多姓共居为主,其内部最基本、最紧要的关系是家族之间的关系,族际关系影响村落共同体的存在状态、治理模式,及人们的行动逻辑,形成"关系共同体"。

一

南北方的自然地理条件相差很大。南方多山岭,古时为原始森林覆盖,通途不便,开发需经历万苦千辛,再加上山岭遍布,能够被开发垦殖的沃土面积有限,产出亦有限。因此某一地能养活的人口不多。一旦出现人口膨胀,人地矛盾紧张,就会有一部分人搬出村落到其他地方寻找生存,形成新的村落。这样,在最初建立某一村落时就不可能有更多的人家参与其中。在一个相对狭窄的山坳、山窝里,或许就只是一对夫妇和他们的孩子首先开山破土、安营扎寨,或者在某一处稍大一点的地方,能够养活两到三户人家,于是就有兄弟数人建立起村落并不断壮大。

这就是说，由于人地关系的限制，南方村落在最初形成时一般为几户人家，多为兄弟关系。加上依山逐水而居，取水打柴方便，生活不需要更多人的协作，所以在南方，村落常为一姓所占据，且每个村落的规模都不会太大，至今也以数百人的村落为多，凡超过千人的村落则一定在某个历史阶段产生过村落的分割，即不定期地有家户从村落搬走到外地安家，建立"家""门"关系。

而在北方，以华北平原为典型，地势较南方要平缓得多，少丘陵和山脉，多平原。由于黄河等多条主要河流的干流入经此地，形成肥沃的冲刷平原，土地面积广阔，土地资源丰富，适合于农业种植。尽管该地区有史以来就是我国人口的主要聚居地，土地开发得较早，人口密集，但人地矛盾较南方而言并不突出。即使到现在，华北地区人均可耕地面积仍高于南方逾二倍。因此，相对于南方土地紧缺而导致的人地矛盾的状况，北方地区的人们在土地上寻求生存并不存在多大的问题。但正因为该地区人口密集，流动性大，且平原地带道路平坦，没有天然障碍，这又为流寇、窃贼、土匪等的出没提供了条件。如此，人们的居住和生命安全就成了首要问题。单家独户无法抵御团伙作案，为了防止上述人群的侵扰，必须联合起来。如何保全生命不至于被盗匪团伙轻易摧毁，是人们定居以繁衍后代所要考虑的首要问题。

怎样才能确保生命财产安全，确保村庄不被侵扰，或在遭受侵扰时有能力予以抵抗，排除外部的不安定因素？这样一种能力的构建，绝非一两个家庭能够承担，因此就出现了家庭联合的需求。不同姓氏的家庭在此时此地有联合成一个紧密团体的意愿,且人越多抵御外部风险的能力就越强,家庭的联合势在必然。因此,在建立村庄之初,北方就不像南方那样由于土地的局限,而囿于单个家庭或兄弟家庭的聚合,而是在更为广阔的范围内寻求互助联合,使更多的人能够聚居在一块,形成一个紧密的联合体,共同抵抗外界入侵。当村庄形成之后,人们生产生活中的其他功能性需求,也需要联合起来提供。这样,不同姓氏的人们就因为相同的目的(保全生命)而聚集在一起,开辟新的村庄。数代之后,每个姓氏都成为一个家族,村庄也就变成了家族的联合体。当新的姓氏或群体加入,并不会破坏村庄原有的结构,或者打乱人们的利益格局,而往往为村庄增添了新的力量,使其抵御外部风险的能力增强。

二

在南方村落,一个姓氏占据一块适合居住、耕作的地方,形成较为紧密的血亲集团,即宗族。宗族性村落的黏合剂是血缘。每一个拥有共同血缘的人都在血缘的包容之内,祖先的血脉是使所有后世子孙团结在一起的支柱。当血缘凝聚力较强时,人们对共同体和村落的认同度就高,这时宗族作为一个整体与其成员形成道德支配关系。宗族对个人的支配,以及个人对宗族的服膺,型构成稳定的权力关系。从宗族走出的人有回馈宗族的义务。

宗族性村落以血缘为纽带。于过去,血缘连接远逝的祖先，正是他们的血脉往下传递至今，方有当下宗族和村落的兴盛繁荣。宗族有着共同的祖先和光辉的村落历史，它们是人们在精神上获得情感依托和共鸣的基础，使人们产生对宗族、对村落强而有力的"历史感"体验和情感意识。在当下，共同持有祖先的血脉，使人们有着血亲情谊和兄弟情结，"自己人"的感情浓烈，对外有着发自内心的、本能的排斥，"内外有别"的心理根深蒂固。于未来，宗族则是以"传宗接代"为基本的信仰和公共规则体系，祖先的血脉须往下传递、永继不断。为了使祖先的血脉得以延续，个体生命得到拓深，人们会千方百计地生育儿子。

血缘把人们的"过去"、"当下"和"未来"恰到好处地联结起来，使村落成为一个紧凑的伦理和功能共同体。这样，村落的成员也就包括逝去的祖先、当下的族人，以及未及人世的子孙后代，缺一不可。若不以祖先为共同的情感依归和历史体验，当下就缺少历史基础，村落无法构成共同体；若没有未来生活的导向，生活的意义和价值也就无以寄托，当下生活失去承受之重。当下的族人定然是生活世界和信仰世界的伙伴，人们共同在"兄弟情义"和信仰体悟中维系着村落共同体的整体性。共同体的为继不仅需要结构性的硬性规定（如长幼有序、等级结构的持续、个体的义务型规范等），缺少精神上（"历史感"与"当地感"）的滋养也会使其满目疮痍。

总之，在南方宗族性村落，血缘是村落社会结构的韧带和黏合剂。可以说，南方以血缘为联结纽带的村落就其性质而言，是血缘共同体。这意味着，宗族性村落内部最重要的关系是血缘内部的自己人关系。拥有共同祖先的人们聚集在一起，构成紧密团结、内聚力强、排他性的血缘共同体，无论是思维方式、行为模式，还是地方性共识、规范和伦理取向，它都与以其他方式联结在一起的共同体有着本质的区别。

另外，一姓氏占据某些地域，形成一个村落或数个村落。相对于血缘，村落地域就是地缘，但地缘并不是南方村落显著的标志。费孝通曾指出，在宗族地区，地缘不过是血缘的投影，地域上的靠近与否是血缘亲疏的一种反映。地缘是血缘化的空间。因此，地缘固然重要，但离开血缘的统合意义，其价值就不过是块居住的场所。

"自己人"（宗族成员）与"外人"（外来户）的区隔即是典型。"自己人"有着紧密的社会交往和情感交流，拥有共同的对宗族的"历史感"和对村落的"当地感"体验。"外人"无论在该村落生活多久，与宗族成员关系多密切，都无法生发对村落的情感。在这里，地缘（村落）之所以重要，完全在于血缘的先赋性和同一性。缺少了血缘的同一性，村落不过是暂时寄居之所罢了。外来户一般在宗族性村落难以长待下去。

三

北方以多姓村庄为主，单姓村落只占少部分。北方多姓村庄的内部关系就比南方村落驳杂得多，不仅要处理家族内部关系，还要解决家族之间的关系。前者较容易处理，重要的是后者。

北方村庄里，每个家族都是特定的，具有排他性。不同家族的成员的情感体验和感情投射各不相同，各自有其特有的祖先、家族历史，有着不同的历史体验，回应各自祖先和子孙后代的问题。因此可以说，每个家族的思维和行为都是独特的，家族之间存在"内外有别"的观念，它们在村庄的各个方面展开竞争，包括财富积累、村庄权力享有、家族力量等。族际竞争能使家族内部更为团结，也可能使村庄气氛紧张，特别是派性斗争严重的村落。不同家族处在同一时空中，必然会发生各种各样的关联。

各家族既要强调本家族认同和利益的排他性，家族之间又必须有所联系，这就构成一对无法摆脱的矛盾。因此，要处理好家族内部关系与族际关系，各家族在交往中必须持有两套技术和规则，一套用于血缘内部事务，另一套则是规范族际关系的规则体系。村庄里每个人都要学会"两条腿走路"，一条腿在血缘这条路上走，一条腿在族际这条路上走。

其中，族际规范体系维系着族际关系的正常化和合理化，进而支撑着村庄共同体的存在。没有族际规范体系，家族间的关系就会乱套，家族之间的竞争就会走向无序，村庄共同体就会被各家族的小集团利益拆卸和肢解。因此，在北方多姓杂居的村庄内部，最重要的关系是不同血缘之间的关系。如何处理族际关系是村庄的要害所在，也是人们生活、交往中的结点。这样的村庄，我们称之为"关系共同体"。

南方的"血缘共同体"以血缘为主要联结纽带，村落内部的主要关系是血缘内部的关系，如房支关系，它不涉及血缘之间的关系。北方"关系共同体"的社会联结纽带是家族之间的关系，村庄由处理妥当的家族之间的关系，连接为一个相对紧密的伦理和功能共同体。与血缘关系的排他性不同，族际关系是包容性的，不具有排他性，先来者不排斥后来者，后来的"小户"（没有"外来户"之说）可以通过努力在村庄中获得相应的位置。

在关系共同体中，家族是人们认同与行动的基本单位。家族之间的互动与交互作用形塑着村庄的基本形态。族际关系的不同状态，会形塑不同形态的共同体。最明显的莫过于北方村庄里的"派性"斗争，它是家族间合纵连横展开激烈竞争的结果。每个北方村庄都有以家族为主要载体的派性。派性斗争激烈与否、派性关系处理妥当与否，都会对村庄共同体产生影响。如有的村庄内部某个家族独大，能够制衡其他家族，村庄内部就表现得较为团结，治理得较好；若族际合纵连横，形成势均力敌的两派，那么就可能出现连续性的上访上告事件，村级治理无法展开；若力量相当的派性之间达成妥协，则村庄政治相对缓和，治理较为有序；等等。我在安阳农村调查时发现，有一个村落竟然出现了两套领导班子，分别由两大家族掌管，某一派的广播不响，这一派的妇女连乡镇号召的上环结扎也不会去，只有等"她们自己"的广播响了之后才有行动。

另外，关系共同体中的族际关系正常化，也是满足各家族成员生产、生活和社会交往等各项功能性需求的必要条件。这些公共品包括道路、水利、饮水、教育、医疗、公共卫生、公共生活（集体活动、闲暇、运动等）、大宗农机、村容村貌等，它们须由家族之间的合作互助来提供。若族际关系处理得稳妥，村庄作为共同体就能很好地满足人们的各项需求。这些需求一旦满足，人们生活在村庄里有安全感，便会对村庄产生情感投射，生发对共同体的认同感，家族之间的关系就会更加融洽，从而产生进一步的一致行动能力，使村落满足人们共同需求的功能更加完善，形成良性循环。当然，族际关系处理不好时，就会造成恶性循环。

四

归结起来，南北方在村落形成初始所面临的问题不同：南方资源短缺，要解决的是"生存"问题，北方农村则要面对盗贼、流寇、土匪等的侵扰，首要的问题是防御，以保存生命与财产的安全。所以，南方村落多为单姓聚族而居，以血缘为联结纽带，构成"血缘共同体"，北方村庄则是多姓共居，家族之间的关系成为村落的主要连接方式，形成的是"关系共同体"。村庄共同体的不同状态取决于村庄内部家族之间关系的不同形态。

血缘共同体与关系共同体因其内部的结合方式和纽带不同，其内部人们的行为方式、思维方式、交往方式，以及地方性共识、规范和伦理取向也大相径庭、相异成趣，从而在治理层面形成不同的政治社会现象。因此，村级治理必须有所区别，国家的制度安排，以及政策、措施下乡也须视不同村落性质而因地制宜，区别对待。

为什么南方农民"不看《新闻联播》"?

在中原农村调查时有这样一件事:访谈正起劲,一个受访人突然起身,说"《午间新闻》快开始了,我得回家看新闻去"。他如此惦记午间新闻,是因为他错过了前一天晚上的《新闻联播》。我们发现,《新闻联播》在该地的受欢迎程度仅次于《天气预报》。由于经常看《新闻联播》,这里无论妇女还是老人,都能海阔天空地谈论国家政策,还能准确地列举许多国家领导人的姓名与职务。新闻成了当地人每天生活的必需品,农民只有看了《新闻联播》,"心里才感觉踏实"。

一

我们对北方农村的问卷调查显示,绝大部分农民相信新闻的真实性。当被问及为何爱看《新闻联播》时,农民的普遍回答是:"因为《新闻联播》最好,最真实,最权威。"他们甚至反问:"不是真的,能上新闻吗?如果中央新闻都是假的,那国家不全乱套了?"

我们这些来自高校的老师,调研时"深入到基层,深入到农村",这与《新闻联播》里关心群众生活的领导干部的形象极为相似。所以每次调研进村后，农民总会急切地询问："你们是不是国家派来的？"接着便向我们抱怨村里诸多没人管的事：村道没人管，一下雨便进不了村；涝灾没人管，只能眼睁睁地看着玉米地被淹；治安没人管，看着自己的羊被骑摩托车的人抱走；种大棚遭了雪灾，养猪赶上瘟疫；等等。这些事情都没有人过问，没人管。他们希望我们向国家反映，要国家来管。

我们在村庄中访谈时，老人们总是问一个很棘手的问题："儿子不养爹，你们能不能向国家报告，或者向我们的县委、省委书记报告？"我们建议："这事不用找国家，可以找村干部。"老人听后很生气："告诉他们就像蚊子叮牛角，没用！电视上的领导天天讲'三个代表'，送温暖。我们底下的干部却在下面瞎胡闹，不关心群众生活，啥都不代表，就代表他们自己，他们才不管'儿不养爹的事'。"最后，老人十分无奈道："国家的政策好，一切为农民，种地非但不要交钱，还补钱，这是从来都没有过的好事，就是下面的不管事。"

然而，我们在江西、湖南等地的农村调研时，却发现了不一样的情形：南方农民不像北方农民那样，对《新闻联播》有着强烈的喜好与期待。这些地方的农民似乎更喜欢电视剧。即使是村庄精英，也不太重视《新闻联播》，更谈不上寄托和期待。少数看《新闻联播》的农民，也只是爱看后面的国际新闻。他们看伊拉克问题、六方会谈问题，说看这些国家打来打去，很有意思，可以开阔眼界。

显然，南方农民看新闻不是为了解"国家大事"、"国家政策"或"国家领导人",而是"看热闹"。在他们日常的谈论中,我们也很少捕捉到"国家"这个时常挂在中原农民嘴上的词,既听不到农民对国家的抱怨,也感觉不到他们对国家的期待。南方农民总是说,"中央新闻(离我们)太远了,不实用"。在他们看来,左右他们生活的不是电视上的国家,也不是遥远的国家领导人,而是其身处的村落和地方上的规范。村民可以不关心国家大事,但一定得通晓地方上的事。

二

不同地区农民对《新闻联播》的态度,以及对国家的诉求程度不同,表明他们的国家观念存在差异。那么,为什么北方农民的国家观念如此鲜明,对国家的诉求那么强烈,而南方农民的国家观念就几近冷淡?这与村庄的性质有关。

北方村庄地处平原,易受战乱冲击,村庄历史较短,迁栖频繁,形成多姓共居的村庄结构。多姓共居的显著特点是村庄一般以家族为认同与行动单位,家族作为"大私"负责解决家族内部的事,但家族之间缺乏一致行动的能力,因此必须诉求于家族之上的某种"公"的力量,比如临时家族代表会,或村组干部。在这种农民能够真切感受到的、具体的"公"之上还有一个抽象的"公",即农民对国家的想象。北方农村离中央政权较近,在传统上经常受到政权力量的介入,较容易接受主流的意识形态。因此,当村庄具体的"公"无法切实满足村庄的功能性和社会性需求时,人们便倾向于诉诸抽象的"公"。

因多姓共居，村庄被多个家族"大私"所分割，所以其内部一般缺乏一种能笼罩村庄、统合共同体的内在力量，村民对村庄缺乏一种"我们"感，即村庄仅仅是一个"公家"的村庄，而不是"我们"的村庄，村庄事务应该由一个具体的"公"如村组去管理，而不是"我"应该负责的。所以，我们在中原农村看到：院子之外的事便不再是"我"的事，而是公家的事，是小组长等具体"公"的事情。村庄中的红白喜事、纠纷调解、修路筑坝，甚至村庄的垃圾堆放都是这个具体的"公"的事。村民把小组长称为"当官的"，在村民眼中的，小组长就是他们的"官"，是管理村庄公共事物具体的"公"；村庄是小组长的村庄，应该由他们小组长去管。在我们调查的北方村庄的公共治理层面上，除了小组长、村委会，我们似乎很难触摸到其他承载着村庄公共事务的具体的"公"。

但是，取消农业税后，一些地方取消了小组长，村级组织也逐渐弱化和虚化，村庄中承载着公共事物的具体的"公"被抽空了。村庄没有了"当官的"，没有了"管事的"，村民猛然发现众多的事成了"没人管的事"。村民甚至在遗憾失去了具体的"公"的同时，庆幸政府实施了火葬，不然就连丧事中被指派抬棺材的人都没有了。当失去了具体的"公"的农民已不能在其所生活的村庄寻求一个可以诉求与期待的对象时，便只能转向外部遥远的国家，寻找一个抽象却公正的"青天大老爷"。在农民的日常生活、生产和交往中，一方面是《新闻联播》里处处体察民情、关心民生的国家官员形象，另一方面却是村庄公共事务"没人管"。这种强烈的对比使农民对新闻上的"国家"——抽象的"公"怀有更急切的期盼与更强烈的诉求。正因为如此,农民对我们这些"国家派来"的学者,也充满着想象与期待。

北方农民观看新闻,相信新闻,不仅是要获得一种心理的安全感,更在于寻找在村庄中所不能找到的诉求与期待对象。所以,农民才会说"要是《新闻联播》都是假的,国家不就乱套了吗"。《新闻联播》维系着农民对国家这个抽象的"公"的信仰。

三

在南方农村,自然村或是村民组一般由一个宗族(或房头)构成,它不仅保留着鲜活的宗族历史,还承载着深厚的、多层的村落整体感与主体感。因此,在南方宗族性村落,相对于家庭"小私",宗族(村组)是"大私",在"大私"之上没有北方多姓村庄那样的具体的"公",而是直面国家这个抽象的"公"。宗族性村落的功能性和社会性事物都由"大私"来承担和完成,无须在"大私"之上构建具体的"公",更少诉诸抽象的"公"。

在南方宗族性村落,高大雄伟的宗祠是村落历史与宗族主体感的体现。在当地农民看来,一个没有宗祠的村落就如一个没有脸面的人,这个村落里的所有人将会在"地方上"被其他村落瞧不起,地方上的人也将不会把这个没有宗祠的村落视为村落。然而在村落内部,宗祠不仅仅是脸面,还承担着村落里众多公共事务：举办红白喜事、召开村民代表大会及各种理事会议。围绕宗祠所延伸的村落主体便是宗族的"族长公"（族长）、各房的"长房"（房头长），还有过了六十岁的"老生"以及喝了点墨水、专门主持红白喜事的"斯文"等。这些人辈分高、有威望，是村落里的积极分子，他们积极参与村落里的各种理事会，还受邀出席村落的红白喜事与纠纷调解。

除了以宗祠为中心的村落主体外，南方村落还有以神树为象征的"社神"。但社神也只是"我们村"的神，只管本村的事，仅保佑本村的子孙，与村落外的人无涉。社神不仅仅是村民仪式性的祭祀对象，更是村民生活中不可或缺的一部分，是村民在日常生活中予以诉求与期待的对象。村民时常来到神树下敬奉社神，祈求在外打工的亲人能平平安安、好好挣钱，在外不遭骗、不遇抢，更不要碰到搞传销的。喜逢杀猪、买牛，生仔及过年过节，家家户户都会提着酒菜、拿着香烛，虔诚地来到神树下祭祀社神，感谢社神的保佑。一些儿子不孝顺的老人则在神树上挂上写有儿子姓名的红带，声泪俱下地向社神述说自己是如何含辛茹苦地把儿子养大，如今儿子又是如何的不孝，祈求社神能使儿子良心发现，善待老人。

相对于北方村庄只有村组一个管事主体，南方村落中有众多管事的主体。这里的村落不单是小组长的村落，更是村民自己的村落，即"我们的"村落。村落里的事也不光是小组长的，更是"我们自己的"。村落是一个由宗族、房支、家族以及所有村民构成的"私"的领域，它相对于个体家庭"小私"而言，是"大私"，村落里的各种"公共"需求都是由"大私"去解决。

南方村落中具体的"公"——村组不凸显,在台前的多是具体的"私"和抽象的"私"。农民的诉求可以通过宗祠、族长公、长房、礼生及各类理事会等诸多具体的"大私"来满足。当具体的"私"不能解决问题时,农民便向抽象的"私"——社神报告,而不是求助于抽象的"公"——国家。在农民看来,国家是一种外来的"公",而不是"我们"的"公"。显然,对于这种外来的"公",农民的诉求与期待远远低于对"我们"的"公",即村落"大私"。

在南方村落,因为具体的"私"与抽象的"私"满足了大部分的社会性和功能性需求,人们对抽象的"公"的企盼就不会很强烈,"国家"形象也就不会在人们心中打上烙印。如此,我们才能理解为何南方农民很少谈论干部、抱怨当官的,认为《新闻联播》里的内容非常遥远、不实用,还不如看些"既能调节休息,又可开阔眼界"的国际新闻,进而才能理解他们所表现出的国家观念的淡薄,对国家诉求的冷漠。

四

从农民的"公私"观念变化来看,北方村庄的"公"在拓展,而"私"在退缩。"私"从宗族、家族一步步退至核心家庭,核心家庭之外则属于"公"的范畴。此时,农民对"公"的诉求也随之无限地往上推,从村组这个具体的"公"直至国家这个抽象的"公"。简而言之,当"公"无限拓展,"私"

急剧退缩，大部分"私"的领域都退让给"公"之后，村庄就不再是"我们"的村庄，村庄的事就不再是"我们"的事，而是"公"的事。

从公私观念的主体看，北方村庄是没有"私"、只有"公"的村庄，是需要"公"去维系、去整合的村庄。而当村庄这个具体的"公"也一步步弱化乃至退出村庄公共事务后，农民对抽象的"公"的期待便愈甚愈急切，国家观念也就愈强，越渴望国家来"管管事"。正因此，我们可以很好地理解河南、山东等地的农民，为何能受得了地方政府"灵活"的政策：种韭菜不成，种大蒜；种大蒜不成，种黄瓜；种黄瓜不成，又改种西红柿。而江西的农民听说后却表示无法理解，不能忍受。

在南方农村，村落是"我们"的村落，村落本身是个"大私"。村落的公共需求通过家族、长房、宗族等具体的"私"来获得满足。当这些具体的"私"无法满足诉求时，农民便转而求助于他们抽象的"私"（社神）。有着诸"私"的关照，村落之外抽象的"公"（国家）自然就显得不那么实用，农民有时甚至对它心存芥蒂。所以，在南方村落，无论是从《新闻联播》的偏爱度上看，还是从乡村治理上看，我们都能感受到农民的国家观念的淡薄。

熟人社会交往的公共性问题

这几年在农村调查，总要问到农民的矛盾纠纷状况。虽然不同地区的农村有所差别，但普遍的情况是，十年来农民之间的争吵减少了，矛盾也越来越少了。一方面的原因是，农民自己认为经济水平提高了，很多事情都不计较了，关系也就缓和了。以前可能会为芝麻点大的事情争吵数天，现在则是不管被占了多大的便宜都可以宽容，不去计较。我们以前对此做过解释，认为经济条件变好只是表层的原因。这一现象的深层逻辑是，"分田到户"后，特别是2000年之后，农户相互接触的机会减少了，不再像以前那样亲密，关系变淡了，因此摩擦也就较以前少很多。

此外，农民也提供了另外的信息来解释矛盾、摩擦减少的原因：现在农民在一起都不谈论人家的私事，打牌就打牌，不打牌就谈天气或其他话题。这样，很大一部分因言论引发的矛盾就被避免了。前一个原因反映的是村落社会关系强弱的问题，即熟人社会交往"量"上的变化；后一个透视的则是村落社会关系性质的变更，即熟人社会交往"质"的变化。熟人社会交往由公共性向私人性的转变，也是纠纷减少的重要原因。

一

村落熟人社会是农民的初级社会集团，很大部分农民生于斯并终老于斯，他们无法也不需要与次级集团发生关系。因此，村落熟人社会对农民而言至关重要，不仅是生产、生活和娱乐的场所，还是生命的终栖之地，是人生的归属。而要获得这一切，交往是必不可少的。可以说，熟人社会是通过交往来建立和维系的，交往是熟人社会的生命所在，没有了交往，熟人社会就会变得死寂沉闷，毫无生气；村民之间频繁无阻、富有成效的交往使熟人社会经络畅通，充满活力。对于个体家庭而言，交往同样重要，在熟人社会里得罪人最多、人际关系处理不好的家庭总是感觉很憋屈、别扭，左右都不自在，既没人帮忙也帮不了人，甚至连个一起打发时间的人都没有。聪明的人会很快通过各种方式和渠道重新恢复关系状态。交往既活跃了个体家庭，也活络了熟人社会。也因此，熟人社会的交往一开始就是在村落层面展开的，具有公共性。

从性质上讲，村落熟人社会的交往既具有公共性，也具有私人性。前者针对村落层面来说，是打通熟人社会经络的内涵，后者是在私人层面来讲的，以满足个体需求的功能。公共性与私人性相辅相成，相互内含，很难从某次交往中分清楚两种性质成分的多少、孰重孰轻。譬如，一群妇女在某个场所臧否某家的婆媳关系，评价各自行为，这一互动既针对村落的事情，谈论中隐含了村落共识，强化了人们对既有规则的认识，同时谈论者本身也达到了消遣、倾吐、评论的目的，满足了身心。据此，单这一交往行为就混合了两重性质。

从调查的情况来看，熟人社会的交往性质在不断地变化，变化节点大概是在1990年代中后期。在此之前的熟人社会交往，虽然包含着两重性质，但更多体现在其中的公共性上，即一种公共性的力量在支配和主导着村落的每个交往活动，不管是二人的，还是多人的。人们以村落之"公"的名义进行交往，调用"公"的资源对交往本身进行合法性定义，从而使交往表现出更多的公共性。在这个阶段，私人性隐含在公共性里，不凸显，这是公共性对私人性的遮蔽。而到了1990年代中后期，特别是2000年以后，公共性不断地后撤，让出空间，私人性逐渐占据主导。这是对熟人社会交往性质变迁的理想描述。

二

农民跟我们讲，以前人们在一起，不管男的一群，还是女的一群，抑或男女在一起，一开口就是张家长李家短：某家的媳妇对公婆不好；某家的婆婆也太过分了；某某大清早从某寡妇门口走过；某兄弟俩又为老人的财产争吵起来了；某某家的孩子见人不打招呼；某男子与某女子勾搭上了；某两口子在闹离婚；某媳妇的娘家人怎么不会做人；某某做事不公道；某次酒席中出现了什么大岔子……无论旧趣新闻，一律逃脱不了他们东一嘴巴西一舌头。这种毫无遮掩的漫天论说，往往会带来村落社会激烈的争吵。家长里短、理论是非，总是会以某个最快的速度传到当事人的耳边，引发各方对峙/质。当事方及受影响的各方都会逐一加入范围更广的争论、议论当中。1990年代中后期以前，农村几乎天天都有骂街、喊天，矛盾、纠纷、摩擦频频出现。受访人回忆当年的情景时都觉得不可思议，认为那个时候的人怎么会那么心胸狭窄，动不动就将各种事情搬上村落台面。

然而，无论是人们交往当中的谈论，还是由此引发的一系列后续事件，还是这些事情沉淀下来后的持续性影响，都说明当年熟人社会的交往带有很强的公共性色彩。

公共性的交往有几个显著特点。第一，交往中谈论的内容都围绕村落，而且会对村落本身及人们相互间的关系产生影响，即谈论的是"公事"。如议论男子进某寡妇房屋，这事情本身就涉及两个家族，不是私事，影响将逸出两家之外，波及村落。第二，人们在谈论、臧否、理论中所援引的合法性资源具有公共性，如村落基本的道德、共识、规则、原则、惯例、前例、习俗等，人们以这些为标准来评价话题中的人和事。公共性交往呈现和彰显的是公的规则。第三，公共性交往的效果是正面的，有利于强化村落基本的道德和共识，增加熟人社会的社会资本和共同体的凝聚力。总之，从谈论事情的性质（公事），到交往彰显公的规则，及其最终产生的公的效力和影响，都说明该交往具有公共性。

过去熟人社会的交往具备上述特点，以在湘南农村调查到的一起婚外情为例。蓝茗是位70多岁的老年妇女，喜欢打听村落、邻里事务，在村落里有说话的权威。一日清晨，她见杨某从藕寡妇家门口出来，觉得很诧异。蓝茗当日没有跟人提起这事，怕是自己有所误会。后来几日她连续去探究，发现果然如此，于是就将此事在三五成群的人中说了。事情很快就传开了，也很快传到了藕寡妇的耳朵里。藕寡妇当然不认账，要向蓝茗讨说法，于是两个妇女就在村落里打起口水仗来，其他人则在背后议论此事。越来越多的事情从口水战中被抖了出来，私下的议论、证据对藕寡妇越来越不利。最后藕寡妇无功而返，蓝茗则得理不饶人，硬是死缠烂打要藕寡妇道歉，并在数天之后如愿以偿。

按一般逻辑，此事是蓝茗抖人家私事在先，然后非但不认错，反倒要人家向她道歉，真是"恶人先告状"。但在村落熟人社会中，蓝茗却是有理的，原因就在于她谈论的事情不存在公私之分，在村落共识中，它不是夫妻私房话，而是实打实的公事。这一揭发，在村落里引起了很大的议论，首先是因为当事男子有妻子，他这么做是很不地道的，若是光棍汉，事情可能不会引起轩然大波；其次是该男子与寡妇的丈夫是同一个家族的，而且血缘很近，此事在伦理道德上很难被接受，有乱伦的嫌疑。因此，人们的议论，是在村落基本道德层面上提问题，是有的放矢。既是有"的"放矢，就意味着谈论本身是有范围、有界限、有底线、有原则的，"的"之外的事不会引起人们的注意力和兴趣，也就不会被涉及。因此，从另一个方面来讲，交往中的谈论，是在重申村落的地方性共识，重申人们在性规范上的基本道德底线和界限，从而起到强化甚至再生产的目的，并使之作用于当事人。议论本身除了能强化旧有规则、放大共识外，还能凝练新的共识，提出对问题的新的一致看法。

骂街则是在谈论之后，将其中的人物、事情及背后隐藏的秩序都暴露于村落熟人社会的前台。妇女之间的骂街乍看像是漫无目的、东扯西拉，没有逻辑，细究起来，里面却有很深的学问。陌生人社会不存在骂街现象，骂街是熟人社会特有的产物。在熟人社会，骂街其实是村落辩论的"场"，具有轰动效应，不仅双方在辩论，而且整个村落都被纠集着参与进来。我在调查期间，就亲身经历过这样的场面，只要有个较为轰动的事情，村落就会被掀翻，几乎所有的人都会对该件事、当事人做出评价。辩论较谈论还要激烈和公开，激发人们所有的智慧、情感、道德参与到评价当中，从而使事情本身及对事情的界定更加明晰。所以，在上述事件中，当藕寡妇出场骂街之后，各类信息开始汇聚，辩论迅速聚焦，为形成明快、正确、透彻的判断奠定了基础，以至于最后与此无关的人都公开站在蓝茗一边，当面指责藕寡妇不要脸。

可以说，公共性的交往涉及村落最基本的层面，包括伦理规范、是非对错、政治正确等，这些都在针对他人的评说、议论和辩论中不断地被强化、再认识、再生产。由交往引发的争执、骂街等，都是对共识的进一步声辩与强化。村落共识在这样的辩论和明辨是非当中坚挺，不会被某些私人性的挖苦、讽刺、霸道所湮没、遮蔽和肢解。因此，公共性的交往在很大程度上能够抑制私人性的过度膨胀，使其维持在一个恰当的范围内，不逾越雷池；而被公共性交往强化的道德、立场和共识，在一定程度上也被"强制"遵守着。公的规则在交往中被强化、放大和拓展，从而更加具有穿透力、强制性和解释力。

交往的公共性问题，虽然也产生舆论压力及效果，但远不止于此。公共性交往并不排斥交往的任何一方，它是一个既对立又统一的过程，是越轨、过错一方对规则的重新认识和体认。也就是说，过错方并不是因为感受到了不对等的压力，而是意识到了问题和对规则本身的尊崇而采取补救行动。公共性交往的力量在于它对公事的议论和辩论，对公的规则的援引、彰显和强化。

三

许多地区的农民讲，2000年以后，农民在一起都慢慢地不谈论人家的"私事"，有人张嘴要谈，也很快会被别人制止，说"千万不要到外边去谈，别人（当事人）会说"。无论男女老幼，在一起开始谈论天气地理、电视剧情节、综艺节目、国际新闻，打牌、打麻将越来越普遍、越来越专心，等等，交往行为较之前有很大的转变。受访者介绍，20世纪八九十年代，农民也打牌，但总是停停打打、三心二意、东扯西拉，争论起某个话题来就放下牌指手画脚；听到外边有什么动静，比如婆媳吵架，都丢下牌跑去看，不像现在这么专心，谁都不管其他闲事。我们在河南农村调查时了解到，那里的男子都对国内国际新闻了如指掌，而对村庄里的私事、公事知之甚少，他们在一起只谈外边的事，不谈身边的事。"外边的事"就是与村庄里的人和事无关的事。

我们还实地观察了大冶农村农民玩字牌，四个人主打，两三个人在一旁观看，打的人和看的人在两三个小时的时间里没有谈论除打牌之外的任何事情。打的人专心致志的程度仿佛在做一件艺术品，而看的人基本上不开口讲话，要走的时候自己走就是，整个过程都很安静、和气。其实他们赌得很少，一天下来最多上十块钱，一般在四五块钱左右。如此少的输赢，用得着如此投入、如此在意吗？不谈身边的事和专注于打牌的内在逻辑是一致的，即农民交往的性质发生了根本性变化，交往已经从公共性转向私人性。

熟人社会交往的性质由公共性、公的逻辑起作用，变成了私人性、私的逻辑起作用。虽然还是同样的人，同样的场所，但当交往的性质发生变化之后，交往的结果与状态就很不一样。以前的交往，将琐事纳入公的规则中，整个氛围充满了道德性和正义感，明辨是非，拨云见日。如今的交往，谈论外界的风卷云涌，万千气象，与己无关，与村落无关，充满了和谐。后一种交往是纯粹私人性的，在按照私人交往的逻辑运转，维系的是一种私人性的情感——尽量不闹矛盾，不破坏私人感情，营造一团和气、温情脉脉的氛围。农民很自豪地称他们的这个状态是响应中央号召，建立和谐社会。

诚如上文所言，吵架本身是熟人社会的洗礼，不仅两个人在辩论，旁观者也在议论。人物的臧否、事情的是非、道理的有无、规范的深浅、关系的亲疏，都在辩论中彰显出来。每次吵架、每次议论都在强化、放大、再生产村落共识。当交往私人化之后,"非议"就变成了"政治不正确",不说人家的事,不打探私事,即使两个人骂街,也懒得去凑热闹,免得惹祸上身,不做或不敢做判断。骂街本身也成了私事,不会引起太多的反响和关注。更何况不议论人家的事了,也就无所谓多少骂街,多少矛盾了。

私人性的交往,其特点是不臧否人物,不议论是非,仅仅是消遣时光,愉悦身心,加深相互之间的感情,建构私人关系,而不希图增加村落熟人社会的社会资本、公共道德,甚至是使道德隐藏在私人交往的背后,不去触摸它、不招惹它,最终私人性交往回避道德问题,遮蔽公共性问题,村落"一团和气"。事实上,村落正孳生着肢解熟人社会的毒瘤。我们在大冶农村调查的时候,正好听说某村落一个20多岁的男子不仅嫖娼、勾引、欺负中学女生,还吸毒。某妇女跟另一妇女说了此事,后者在过去是比较能说公道话的,却对她说,"不要到外边去说,人家听到了会骂"。为了"不被骂",就抛开了公的规则。公的规则被隐匿,必然使他人私的行为更为大胆、无所顾忌,也必然使人们私的考虑(不被骂、不被记恨)更具合理性。村落里的人对调查者讲,别人的事尽量少管,管了还成天招来吵架,"要得罪人家干什么"?

交往的私人性的兴起,其结果是村落道德萎靡、公力不张,公的规则越来越不彰显,私的规则越来越浮出水面、招摇过市。与此同时,公共性话题带来的诸多摩擦也因公共性的终结而消失,农村似乎进入了和谐状态。

四

村落熟人社会交往性质的变迁——从公共性向私人性转型，与阎云翔所言的公共生活与私人生活还不是一回事。交往就是公共生活，没有交往就没有公共生活。

公共生活有诸多方面的变化，如阎云翔讲的，私人生活的兴起构成了对公共生活的消解作用，前者侵占了一些本该属于公共生活的领地和话语。又如本文讲的性质变迁的问题。农民私人生活的兴起有着很复杂的原因，比如人们越来越理性化，越来越为小家庭打算，还有国家从私人领域的退出，等等。在只有私人性，缺少公共性支撑之后，熟人社会的交往最终将向何处发展？没有了公的规则的约束，村落中许多细小、琐碎的摩擦是消失了，但会否有更大的、更暴力、更依靠强力的冲突出现？

无主体熟人社会的想象

吴重庆在其新著《无主体熟人社会及社会建设》（下文简称吴著）中，提出了"无主体熟人社会"的概念，对"空心化"背景下的农村社会结构及其性质做出了新判断，给予了当前农民行为逻辑和农村基本社会秩序的新概括。"无主体熟人社会"既是作者在农村调研中的顿悟，也是学术传承与对话的结果，它与"熟人社会""半熟人社会"有密切的渊源。

一

"熟人社会"是对传统中国农村的经典表述。费孝通将"熟人社会"定义为"乡土社会在地方性的限制下，成了生于斯死于斯的社会……是一个熟悉的社会，没有陌生人的社会"。从信息层面来讲，在熟人社会中，农民之间相互知根知底，每天低头不见抬头见，凭咳嗽声、脚步声和敲门声就能判断对方是谁。人们的信息是透明和对称的，谁都无法保留秘密、无法蒙混过关。人们在社会交往中清楚对方怎么行为，会出什么样的牌、说什么样的话。熟人社会里压根没有私事，没有隐私，权力和利益结构也是明确且固定的。

熟人社会的基本结构是"差序格局",即以己为中心构建的具有差等序列的关系网络。它是以血缘为基本连接纽带建立起来的等级结构,讲究长幼尊卑、男女秩序。它既有内外之别,也有亲疏远近之分。前者是指血缘内部与外部的分别,同一血缘内部所有人都是"自己人",而血缘之外则是外人,或是"熟悉的陌生人"。后者意味着即便在一个"自己人"认同单位内部,相互之间的关系也是有差别的,血缘关系越近,关系越紧密。反之则关系疏离。

在交往规则上,熟人社会也有其独特性,首先是"伦理本位",其次是讲究血亲情谊和人情面子,最后是追求"做人"与"相处"的关系法则。这些规则皆与陌生人社会交往的"法治"相差甚远,它们使熟人社会凝结成紧密的生活与伦理共同体。

随着革命和市场对农村的改造,传统农村社会结构逐渐解体,农民的行为逻辑逐步改变,学界出现了对熟人社会及其行为逻辑的不同描述和阐释。其中包括贺雪峰提出的"半熟人社会"。"半熟人社会"概念表达的是在非传统熟人社会的行政村一级,农民由于交往的非密集性、非高频度性而导致相识却不熟悉的状态。它是对农民间熟悉程度差异的描述,是对信息不对称的刻画。除了空间的扩大导致信息的不熟悉以外,社会流动、职业分化、阶层变动、血缘地缘淡化等缘故,也导致农民间的交往频度减少,交往时空缩小,交往深度降低,以及农民隐私权逐渐兴起,即便在自然村、小组内部,农民之间的熟悉程度也大大降低,相互之间的信息越来越不对称。从这一角度来讲，农村的"半熟人社会化"是熟人社会的量变。吴重庆看到了熟人社会的变迁，也意识到量变意义上的"半熟人社会"无法囊括熟人社会的所有变化，尤其是社会结构、行为逻辑等质变层面。他开始寻找再概念化的着力点。

二

"无主体熟人社会"是从农村的"空心化"里生长出来的概念。在村庄"空心化"与"无主体熟人社会"之间，吴重庆找了个中间变量将二者勾连起来，它是社会结构中的"行动者"角色。社会学家帕森斯认为，具备足够数量的行动主体作为系统的组成部分，是系统内部整合及社会系统和文化模式之间整合的必要条件之一。依据该理论，一个正常的社会中有一定数量的行动主体在其中交互作用，维持社会系统的均衡。如果缺少足够的行动主体，社会系统就无法运转，就会出现病态现象。

中国广大中西部农村在2000年以后出现了大规模的人口流动，而流动出去的青壮年劳动力，正是农村活跃的主体。这些人流出后，村庄就出现了"主体不在场"的状况，导致村庄的"病态"。吴重庆总结了这种"病态"的几种表现："舆论失灵"、"面子贬值"和"社会资本流失"。舆论、面子和社会资本是传统熟人社会的特征，它们的流失意味着熟人社会的转向和变迁。这里的逻辑是，无论是舆论发挥作用，还是面子机制运转，抑或是社会关系起作用，都有赖于村庄中青壮年之间高频度、长时段的交往活动，有赖于由于人多形成"人多势众""唾沫星子淹死人"的集群效应，以及由于"面对面"生活而不得不在乎对方的存在、不得不相互提供和利用资源的"给人情""买面子"的机制。如今，大部分青壮年农民长时间不在村庄里生活，他们可以轻易逃脱村庄的惩罚，就无法形成相互之间的压力，无法相互利用彼此的资源，更无法生发深厚的交往和友谊。一言以蔽之，人都不在村了，舆论自然就失灵了，人们就不在乎人情面子了，相互之间的支持网络也就越来越松散了。叙述到此，熟人社会似乎已然解体。

但是，吴重庆笔锋一转，说熟人社会还是存在的，因为常年流出的青壮年总会间歇性地回到村庄，尤其是在重要节庆的时候。此时，熟人社会原有的特征又会周期性地呈现。这确实没有脱离他的理论逻辑——主体回来了，他们又开始了密集的交互作用，村庄原有的结构又开始运转，村庄舆论又可起作用了，人情面子还是要讲的，宗亲关系又重要了起来，熟人社会就又有了。吴重庆重点讲述了熟人社会特征周期性呈现的几个方面，诸如农村纠纷年终算总账、通过"夸富"寻求认同，及参与重要节庆的宗族活动寻求宗族认同。

分析到此，"无主体熟人社会"对当前农村社会性质做出的新判断也就呼之欲出了：与"半熟人社会"强调信息不对称不同，它强调的是作为行动主体的农民的在场与否，强调行动主体的角色与交互作用。当行动主体完整行动的时候，就会形成健全的社会系统，熟人社会就是个运转良好的结构；当行动主体缺席时，系统就会出现问题，原有的结构就会崩溃，或者不起作用。"无主体熟人社会"作为行动主体长时间缺失的社会，问题不断，作为行动主体短时期内聚集的社会，熟人社会特征周期性凸显，也是问题。

"无主体熟人社会"首先是个描述性概念，它清晰地勾勒了农村社会流动带来的与传统熟人社会不同的症候。根据我的农村调研经验，"无主体熟人社会"能够囊括农村的"空心化"、民工潮、"三留守"、以代际分工为基础的"半工半耕"、农民工返乡、村庄凋敝、治理瘫痪、恶人治村、"城乡二元结构"、新生代农民工、抛荒等现象。这些现象与问题都与农村青壮年流出或返乡有密切关系，"无主体熟人社会"完全可以将之纳入自己的描述范畴。当人们看到"无主体熟人社会"这个概念时，就会自然而然地想到农村社会的这些现象和问题。反之，当人们遇到这些现象时，也会联想到"无主体熟人社会"这个概念。

更重要的是，"无主体熟人社会"还是个解释性的概念，它在中观层面建构了对农村诸多问题的解释体系。中观概念是介于高度抽象的宏观概念与描述性的微观概念之间的中层理论，它既关注微观社会问题，又能提出理论假设。所谓解释性，就是将概念本身内含的诸多要素作为中间变量，经过排列组合后，推导出某些普遍的社会现象，从而建构解释链。作为中层概念，"无主体熟人社会"至少包含了"革命运动""革命后的市场经济""农民流动""村庄空心化""舆论缺失""面子贬值""社会资本流失""农民返乡"等理论构件，以及由这些要素可以直接推导出的"血缘地缘关系淡化""社会关系原子化""阶层分化与竞争""个体化""无根基化""交往规则变化"等概念要素。通过选取这些要素，对它们进行有机组合排列，形成具有逻辑关系的推理链条，最终就能推导出被解释的政治社会现象。这里的推导过程一般要在三步或三步以上，方能称得上要素之间的"链式"联系。一旦解释的链条拉长，解释本身就会有广度和纵深。因此，"无主体熟人社会"是包含诸多现象和解释链条的理论框架。作为例子，运用该理论对以下三种农村社会现象进行解释：

混混进村。混混进村在中部农村较为凸显，首先与该地区青壮年流出村庄有关，它使得村庄没有抵抗外来混混的力量。青壮年流出后，村庄出现了舆论失灵，引混混进村的人感受不到村庄舆论的压力，因而敢于这么做。同时人情面子等传统行为规则失效，人们不在乎村庄的人际关系网络，就会很自然地援引混混等力量进村博弈。

传统复兴。在沿海地区，出现了一方面村民的个体意识高涨，另一方面宗族复兴迹象明显的悖论现象。论其缘由，首先，个体意识高涨与农民主体外出闯荡有关，务工经商和市场经济形塑了农民个体，所谓成功者皆在于个人，而非宗族。其次，外出务工经商的农民虽然身体在路上，却得给灵魂找到一个归属，既成的归属是村庄和宗族。最后，农民不可能在外出时经营自己的归属，而必须在返乡后，因此重要的节庆回家也就成了他们经营归属、参与村庄竞争和获得认可的重要途径。于是他们对参与宗族活动，参与传统信仰活动有着极大的热情，传统复兴势在必行。

伦理失序。据调查，农村伦理失序主要包括两个方面，一是对老年人的不赡养及对老年人自杀的正面化，二是一些农村地区对失足女性持正面态度。这也可以从"无主体熟人社会"中得到解释。首先，农民外出务工经商是为了在村庄竞争中胜出。其次，农民外出后，村庄的伦理道德减弱，舆论压力减少，这就为通过不正当的手段获得财富参与竞争提供了可能。最后，农民只要能够在村庄竞争中胜出，直至最后搬出村庄，就更不在乎村庄的舆论压力了，于是竞争的手段就会无所不用其极，村庄伦理也就逐渐淡出村庄竞争和村庄生活。

除了对"无主体熟人社会"的理论建构以外，吴著还强调了实践的一面。这是其理论基础的自然推演。"无主体熟人社会"的概念隐含着行动主体与结构的交互关系性，行动主体在结构中行动，又重塑和强化结构。结构规范行动主体的行动，又依赖行动主体的行动而存在。当行动主体缺失的时候，结构也就散架了，由结构支撑的系列社会功能也不再存在。所以，吴重庆主张通过社会建设，以重建行动主体与结构的关系，达到重建熟人社会的目的。

三

调查发现，行动主体的在场与否固然重要，但农村的变化绝不止于行动主体是否在场，农村行动主体本身的特征和性质也在发生巨变。在某些区域的农村，即便大部分青壮年在场，由于农民行为逻辑的改变，村庄也与传统熟人社会有了质的区别。譬如，吴著中提到的无主体导致舆论失灵，但在许多中西部村庄，即使主体在村，舆论还是失效，面子还是不值钱，子代对父代仍不孝顺，老年人自杀还在加剧，"笑贫不笑娼"大行其道，等等。这便是说行动主体不在场对某些现象能够做出解释，却不能解释农村社会的一些基础变迁。所以，吴著意义上的"无主体"依然属于熟人社会的量变范畴。

然而，"无主体熟人社会"却是能够表达熟人社会的某些重要质变的。根据我对中国农村的观察，农村社会的巨变主要包括三个方面：村庄主体性缺失、公共性缺失和归属感缺失。村庄的"无主体性"会带来村庄公共性的缺失，二者共同作用会导致村庄缺乏归属感。三者皆失的农村就构成了质变的"无主体熟人社会"。

主体性是指在实践过程中表现出来的能力、作用、地位，即人的自主、主动、能动、自由、有目的地活动的地位与特征。村庄的主体性，是农民对自己在村庄里的角色、地位、作用、能力的自觉体认与感受，把村庄当作自己的村庄、把自己当作村庄的主体来体验的一种精神状态。在实践中，农民会清晰地区分"我们村"与"他们村"，会对"我们村""我是村里人"有种自豪感和荣耀感，会时时刻刻注意自己的言行，维护"我们村"的名誉，会为建设村庄及在与其他村的竞争中主动贡献力量，而不是逃避责任，搭他人便车。对有损"我们村"形象和声誉的人或行为，农民会予以谴责或惩罚。在有主体性的村庄调查时，农民在说到村里那些不雅的人或事时，会很气愤地说"我都觉得脸上无光""连我都感到耻辱"等。这种村庄主体性使得每个人都主动参与村庄建设、维护村庄声誉、践行村庄规则、恪守村庄信仰。破坏村庄基本道德、情感和规则的人，则会被边缘化，甚至遭到"社区性死亡"。

所谓村庄主体性缺失，就是农民丧失了"村庄是我的村庄""我是村庄里的人"的主体体验和感受。如此，农民不再有对村庄的责任，不再有村庄的荣耀感和自豪感，也不再有对村庄其他人的义务和情感，而是只为自己、为私利着想，行事不讲感情、不讲人情面子，只讲利益、只讲公事公办；不再遵守村庄规则和道德，不再为村庄贡献力量，而是普遍持有"事不关己，高高挂起"的态度；也不再事事为他人着想，不再在乎他人的看法，而是我行我素，靠力量博弈生存；村庄的生活不再有长远预期，在村庄交往中就不会再忍让和克己复礼；等等。简而言之，没有了农民对村庄的主体性，熟人社会就会解体。所以，一旦村庄的主体性缺失，即便没有人流出村庄，也会出现吴著所列的几大问题。这是很多村庄的普遍遭遇。

公共性与私人性相对，说的是熟人社会的生活和交往在公共规则约束下展开，并形成公共的社会氛围，从而使得熟人社会向着良性方向发展。公共规则包括道德、共识、常例、原则、程序、信仰、常识、故事、情感等，它既规范着村民的生活和社会交往，也规定着村民的思维方式和行为逻辑，进而使整个村庄充满公共性。

村庄的公共性体现在以下几个方面：

首先，农民行为具有公共性。不管是个体农民的行为，还是农民群体的行为，都是受村庄公共规则规训和约束的，只有在公共规则范围内的行为才会受到认可。人们在日常生活中的行为考究，不是依据个人的喜好、情感、友情、知识、偏好等，而是援引公共的规则。譬如，在南方宗族型村庄，在上人情礼金时，会依据亲疏远近有一定的标准，关系相近的一般会上相同数目的礼金，不会因为私人交情而上更多的礼金。酒席上菜的数量、分量、内容也是有规定的，不会因为贫富差距而有区分。

其次，农民的交往内容和效果具有公共性。在私人性的交往中，交往的内容一般是与私人事务相关，其结果是加深私人间的理解，拓展私人间的关系，增进私人间的情感。村庄的交往除了有私人性的一面外，还有公共性的一面，其交往所涉事务一般是涉及村庄层面的事情。这一点可以从村民在一起闲聊的话题中窥探一斑。在公共性较强的村庄，农民闲聊谈论的话题一般包括婆媳关系、家庭矛盾、老人赡养、村庄道德、村庄间竞争、村庄道路、宗祠修建、礼仪礼节、感情送礼等，这些话题中有私事，也有公事，但都援引公共规则进行价值判断，因此带有公共性。在这些交往中，其效果是彰显和强化了公共规则，否定了私人性的行为和想法，使村庄的是非、对错、黑白的观念更加明确。公共性的交往不在于人多人少，也不在于时间与场合，即便是两个人在卧室里聊天，也能达到公共溢出的效果。

最后，村庄生活具有安全感和可预期性。每个人都按规则行事，按规矩出牌，按惯例思考问题，极少有常识之外的事情发生，村庄生活因此有预期和安全感。

村庄公共性产生的前提是农民对村庄有主体性。只有当农民具备村庄主体性时，才会在意村庄，才希望村庄变得更好，才会遵循公共规则和主动经营村庄。当农民的村庄主体性缺失时，村庄的公共性就会减弱，人们就不会为了村庄而牺牲自己的利益，不会为了维护村庄规则而得罪他人，相互之间就变成了"你好我好大家都好"的局面；大家在一起不说村里的事情，只谈国家大事、国际战事，或者专心致志打牌，从头至尾不说一句话。这样，村庄的公共规则就不再起作用，私人的偏好、打算就会堂而皇之地介入村庄生活与交往之中，重塑村庄评价体系，农村的交往就纯然变成了消磨时间、加深私人感情、建构私人关系的方式。

归属感是一个人精神和灵魂栖息于某地的体验。在传统熟人社会，宗族与村庄既是农民的生活单元，也是农民的归属，是世俗化与神圣性的统一体。农民既在其中获得生活所必需的互助与合作，使生活得以展开，也在其中参与社会性竞争，获得面子、荣耀、尊严、承认和成功的体验，同时还在其中获得宗教般的关怀，使生命有意义和价值。对于流动的农民来说，虽然身体在漂泊，但只要有宗族和村庄在，灵魂就会得到很好的安放。无论漂泊的身体多么孤寂、多么劳累，无论归途的路多么艰辛、多么漫长，只要有宗族和村庄可以想念、可以回望，心灵总是平静的，苦难总是可以承受的，生活总是有动力的。在这个意义上，家乡是中国农民的宗教。吴著中归乡的农民热衷于在重要节庆中参与大型宗族活动、大办"夸富宴"，也只有赋予人生归属的意义才能得到解释。

农村对宗族和村庄有归属感的条件是熟人社会具有主体性和公共性。也就是说，只有当农民还把村庄当作自己的村庄、把宗族成员当作自己人、把自己视作村庄和宗族的当然成员的时候，当村庄的公共规则还起作用，还能规范人们的行为，村庄还是生活和伦理共同体的时候，宗族与村庄才具有归属的意义，能为农民提供归属，农民也愿意归属其中。当农民不再对村庄有感情，村庄本身又乱七八糟，农民自然恨不得赶紧脱离村庄，何谈归属之有？如果农民在农村的归属都没有了，村庄便无法承载农民的灵魂；农民的身体和灵魂都处于漂泊状态，就真的成了"无根基"的人了。

四

综上所述，"无主体熟人社会"可以从两个层面来论述，一个是"无行动主体"层面，一个是"无主体性"层面。前一个是吴重庆展开理论想象的前提和基础，是指农民行动主体的不在场，可谓"身体不在村"，后一个是我对"无主体熟人社会"的进一步想象，指的是农民主体对村庄熟人社会的情感体验的缺失，是为"人心不在村"。

"无行动主体"与"无主体性"是一个整体，只有将两个层面有机结合起来，对"无主体熟人社会"的理论建构才是完整的，对农村社会现象和问题的解释才会更全面、更深刻、更有力度。这样，"无主体熟人社会"就不仅囊括了"身体不在村"的理论内涵，还包含了"人心不在村"的理论逻辑，从而既能解释广大中西部"空心村"出现的现象和问题,也能解释人心不在村的"非空心村"现象和问题。进而,在农村社会建设上,不仅是要在留下更多的青壮年劳动力上下功夫,还要在农民"人心"的改造上下功夫,这就需要重建农民的横向联系,重构不仅有行动主体,而且有主体性、公共性和归属感的熟人社会。

二 农民交往如何展开？

农村人情值多少钱?

在农村了解到,几年前建房子会请"自己人"来帮忙,不用支付工钱,只管伙食。最近人们普遍把所有的事情都承包给施工队,而不再请"自己人"帮忙,原因是农民朋友在经过仔细算计之后,认为"管伙食"与请施工队的费用差不多,但请亲朋来帮忙还有个"人情债"在里头。与其去欠这个"人情债",还不如请施工队。在这里,"人情债"成了相对市场而言的机会成本。

人情在无限的"亏欠"与"偿还"中得以延续。当人情成为一种市场负债、累赘之后,人们就不得不考虑它的机会成本,考虑在其中的利害得失。也就是说,人们越来越害怕亏欠他人,反过来也就考虑到偿还人家的过程中要付出比市场解决更多的东西。人家帮我一个工,我欠人家一个人情,什么时候就得还他一个工,这是人情规则,我必须这么做。但是根据市场的法则,人家帮我的一个工可能只值20元,而我一个工的时间却能挣上50元,那么我去还一个人情的机会成本是30元(50元减去20元)。考虑到这个机会成本,我是不会再请亲朋来帮忙的。

一

当人们越发考虑人情中的机会成本时，人情越发淡化，人们的来往就越发稀少。在一个熟人社会里，当人们清晰地算计利害得失的时候，人情味就没有了。人情的淡化意味着"自己人"的外化，"自己人"越来越紧缩为一个狭小的圈子。不管是"自己人"，还是熟人社会，都需要有个机制来维持和强化。"人情"的亏欠与偿还正是这样一种长远预期的、多次博弈的社会搅动机，它把相关人等都搅和在一起，使每个人都亏欠人家，又不断地去偿还人家。这是一个螺旋链条，每个人都被永久地拴在这根链条之中不得脱离，这样"自己人"的认同、村庄熟人社会的生活才能延续。

村庄社会是个人情社会，它用人情这根链条将人们捆绑在一起，人们所有的人情成本和收益都在该链条中化解——今世没有偿还的人情，由子嗣来完成，今世没有接受人家的偿还，这个收益会落在子嗣身上，从而使子嗣也进入这样一个由前辈建立的人情链条中。这样一来，村庄的人情链条就会不断地延续，村庄生活也就会生生不息，永焕活力。毫不夸张地讲，村庄共同体是由人情在维系和巩固的，"自己人"的范围和界限也因人情而更加明晰。

但在市场介入之后，人们开始考虑人情的凝重与沉甸：原来人情中暗含着如此之大的"黑洞"，在生吞着许多不必要花费的时间、精力和金钱。于是每个人都开始算计其中的机会成本，算计这次欠人家一个人情，自己得有多少个生意上的丢失来弥补。重要的是我欠他一次人情，我就得不断地在这个人情链条中纠缠，损失就更大了。还是建房子的例子。请亲朋来帮一次忙——建房子是大事，帮忙也是大事，欠的人情也比较大，恐怕一辈子都难还上，人家总是记得给你家建了房。这个人情得永远记住，"忘恩负义"要受到良心谴责和头上神明的责罚。那么，以后朋友所有的帮忙只要邀请了，我都无法拒绝，都要硬着头皮去做。在未考虑机会成本之前，只有这样做才会使内心得到安慰和平静，否则总觉得不安宁，因为欠人家的人情太大，内心负累更多。

而且这一次次的行动，对于本人来说是偿还人情债，但是对于对方而言则是在亏欠我的人情，我又获得了新的人情债权的地位——人家叫我，我行动了，人家就欠我的，而不会考虑是我应该偿还的人情；我不行动，人家则会说我不尽人情，会将之前他对我的人情抬出来。所以，人情上，做与不做差别很大。做了，在人家那里永远等于是他欠你的；没做，会算计你的人情亏欠。这样，双方都因针对对方的人情亏欠感而使人情不断地继续，使双方走得更为紧密。但将机会成本算计进来之后，考虑的不是尽量去还人家的人情，而是还人情中自己的付出太大，损失太多，这个人情太不值了。同时，人家对自己偿还人情也不再被看作自己新的一次亏欠人家人情。

二

人情有轻重之分。重的人情，亏欠感愈强；轻的人情，亏欠感相对较弱。一般重的人情是关乎人生大事，譬如接生。传统上对"接生婆"的人情亏欠是很重的，不仅因为接生婆挽救了两个人的生命，更重要的是她使主家香火得以延续，所以要两辈人去还这份人情。建房是另一件人生大事，参与帮忙建房的人主家都会记得很清楚，特别是主持操办者。婚姻亦是人生大事，媒人和婚礼的操办人是主家最大的人情亏欠人，认为在今后的日子里得罪了这两人会遭天打雷劈。在其他事情上的救急也是重要的人情亏欠，一般都会加强双方的来往。

当然，对于一些比较轻的互助，涉及日常生活之类的人情往来，人们的亏欠感就不会那么强烈，但偿还的义务和压力依然存在，只不过它也是以日常生活的形式来表达，而无须特别的仪式和活动。人情的亏欠感给个体或家庭以压力去寻找偿还的机会。在湘南农村，办酒（如建房、考学等）主家是亏本的，而客人也是吃亏的，吃顿饭得几十块钱。所以一次"办酒"，是主家与村民互送人情或互偿人情，因此有的酒席是必须办的，不办就意味着既没有偿付人家的人情，也不给人家偿还你人情的机会。这是主家不地道的做法。

"人情亏欠感"是人情社会得以维系的情感纽带，它建立了人们的"偿付意识"，促发人们不断地、循环往复地"偿还"人情。"人情亏欠感"就是将所有他人对自己的人情表达都视作自己对他人的人情亏欠，无论这个人情是人家偿还自己的，还是人家的直接表达，只要是针对我的人情，就是我对人家的亏欠。这种心理意识在人情社会极为强烈。譬如在水村一带，我今天借你一个竹篮去"赶闹子"[1]，我还你的时候就不能将空篮子直接交给你，而是会在篮子里放几个刚从闹子上买来的橘子，一起送还给主家。在这里，人家借我竹篮是给了我人情，我亏欠了人家一次人情，而当我还竹篮的时候就得将人情一并给还了，橘子即代表我对主家人情的偿付。但是同时，这些作为偿付人情的橘子又成为新的人情，成为篮子主家亏欠我的人情，他们家下次自己从闹子上买了什么稀奇的水果之类的东西，或者自家果树下了果，就得提些到我家里来，共同享受，叫作"偿鲜"。这就是人情社会中复杂的人情链条，"人情亏欠感"让人们不断地有动力和压力去偿还人情，同时却又是在给人家制造新的人情债，从而使得人情永远都还不完，它在人情社会的人情链条中不断循环，使人们都被人情勾连起来，形成一个宽广而密集的人情网络。村庄社会就是一个人情网络社会。

　　人情本身是无价的，市场的规则却是"人情值多少钱"，所以市场的介入使人情从无价变成有价，能够精确算计。"人情亏欠感"被市场的算计逻辑取代之后，人们就觉得人情可以一次性还清，也就不再有人情的无限亏欠意识。若我认为人情是可以偿还清的，人家曾欠我一次人情，他这次给我做了人情，等于还了我上次的人情，我就不再为此反过来又欠他的人情，人情在一来一往中已经结束。假设，某次你帮助了我，耽误了你一个工的时间，接着我又帮助了你，耽搁了我一个半工

---

[1]　方言，意即赶集。

的时间，就算我们两人的工钱相同，我也多还了你半个工。对方也会这么想，你这半个工刚好顶了我一个工比你价格高的部分，在市场条件下我们谁也不亏欠谁的。这样，所有之前的人情都能在精确算计之后偿付清楚，谁也不再拖欠谁的。

　　在市场逻辑的冲击下，村庄人情社会的凋敝经历了以下两道程序：首先是人情链条的断裂。市场逻辑是"不亏欠"逻辑，交易是一次性的，之前亏欠的人情可以在仔细核算之后一次性偿付完，互不亏欠，决不留下人情的尾巴，这样人情就不再有持续的可能，人们的亏欠感因为利害的精确计算而慢慢消失。紧接着是之前由人情来做的事情都交由市场来解决。上面讲的建房子，不再请人帮忙，把所有的工序都交由施工队来做。人情慢慢退出日常生活的领域，只留下一些特殊的、仪式性的人情节目。

三

　　"日常性人情"与"仪式性人情"在人情的功能、范围和深度上都有差别。日常性人情是人们在村落生活、生产和交往中的人情亏欠与偿付，仪式性人情则是指红白喜事之类的大型仪式与活动中的人情往来。

　　日常性人情讲究的是在村庄中的小事情上的人情记忆、亏欠和偿还，生活中人们的每一个举动、每一个言谈都富含深刻的人情内涵，如上述"借竹篮赶闹子"的生活小事，就蕴藏着丰富的人情亏欠与偿付。日常性人情使人们的生活能够充分而富有弹性,使人们的交往除了檐边谈话、串门、门楼打牌、饭场等公共生活外,还有许多私人性(人数、家庭不限)的互助、合作、帮忙、转借、搭伙、劝架、探事、围观、点拨、开导、调解、撮合等密集的交往方式,人们被这样的细小琐碎的人情交织在一张网内,一人之事即网络之事。比如在湘南水村,"六月六"小菜节,三五家邻居合伙在一起做"金瓜米粉"等各类蔬菜糕点。"合伙"本来就是人情的集散场合,邀请与不邀请、合伙与不合伙、参加与不参加,都是人情、面子上的功夫。相互给予,而当糕点做好之后又分食给其他没有时间做糕点过节的人家,让大家都能够尝到节日的气氛,这又是人情。说不定下一次什么节日再忙也得加入进来,既凑热闹又还人情。特别是在一个小村落里,几乎所有的人都被网罗在这个人情圈中,日常生活中的人情有外逸效应。

就功能而言,日常性人情一方面完成某些功能互补,另一方面使村落凝结成一个紧密的人情圈,具有极大的意义和价值生产能力。在水村,越轨者会被排斥在人情圈之外:某个泼辣媳妇一向对婆婆不好,一日其向某老先生家借鸡蛋做人情,老先生恼火不借。又是此人,在村落里叫人帮忙给她家割稻谷,连其堂弟媳妇和堂姊都推脱说早有人请了,没空,无奈只能请二十里路外的娘家人来帮忙。村落里其他户都对媳妇这家"不太感冒",要借什么锄头、镰刀、粪箕、水泵、打谷机等都说没有,或正在用,杜绝与其人情来往,平常的家庭联合活动也没有她家的身影。这样的事情多了,她自己也感觉不太妙,某次与人骂了一天街之后思索自己不对,过了两天从集镇上买来蛋糕登门赔罪。

日常性人情是地方性共识、规范和伦理的生成、强化、援引及实践机制，它濡化大众，教化后来者，规训越轨者，人们在日常人情中知道哪些应该做，哪些做得不对，哪些是有意义的，哪些又是被普遍接受的。日常性人情强化已有的村落生活规范和生活共识，比如给人家帮忙不收钱，但须留在主人家吃饭，半个工一顿饭，即使回家了，相隔两三里路也得去叫回，否则主人家会很过意不去，认为不吃就是嫌弃他家的饭菜不好，或不干净等；过滤和产生新的规则，比如请人帮忙"双抢"，一般是两三天的时间，不能强留人家，到了这个时间就得主动将人送走，如果共帮忙七天，耽搁人家太多时间，则得按市场价格算七天的工钱给人家，尽管人家不会要，但形式必须有。人情交往越频仍、范围越广（涉及全家族、村落），人们的关系就越是紧密，社区的价值生产能力就越强，对人们生活意义和生命价值的集体界定就越明确，比如"看月婆"，即生小孩一个月后人们拿着礼物去看母子，对传统生育观念和"生儿子"的强调。人们只要照着人情圈中对人生历程的规划去做，就能获得生命的本体性体验和社会性感受。

仪式性人情能搅动更大的范围，有时甚至将整个村落情绪都调动起来，它较日常性人情要广、深刻，但频度不太大，带有很强的间歇性。在南方农村，由于村落比较小，一般仪式性人情活动在整个村落范围内展开，像结婚、祝寿、建房、丧葬等都能调动村落整个人情网络，且某个村落有这样的人情，周边村落都很清楚。在我们调查的河南崔桥，红事八九桌的规模，只能是外地的亲戚和当地的朋友小规模参加，根本无法构成村落的事件，有时甚至连邻里都不清楚有这样的事。我们有次去参加一个基督徒子弟的婚礼，在村庄中一路问过去，同一条街，只相隔不到百米的邻居在事前都不知道谁家有喜事。白事的规模也很小，但因为有歌舞、戏曲之类的节目供应，才使一个村庄动起来，但这已经不是人情了。所以在北方村落，这样的仪式性人情能够覆盖的范围并不足够大，不能打乱人们的正常日常生活，对村落而言不构成主要的事件，因此对村落的影响不是很大，特别是在所谓的价值生产方面。

在一些地区，"人情"出现了严重的"名实"分离现象——仪式性人情越办规格越高、次数越频繁。一户人家一年要赶近二十次人情，"赶人情"成为农村的主要负担，人们谈"人情"色变，寻找各种理由规避人情，却又总是不断地被这样的人情网罗着。原本密切的人情往来能够增进人们的社会性关联和社会资本，生产适合共同体在伦理和功能上维系的基本共识、规范和价值。当仪式性人情"名实"分离之后，人情却成了村庄的一种分离力量，成为人们捞取钱财、收回成本的经营性事物，缺少了原本的"人情味"，人情越来越功利化。同时，仪式性人情的功利化又割裂村庄的日常性人情，人们逐渐退出日常性的人情往来。

如果我们从价值生产层面来考察日常性人情和仪式性人情的话，日常性人情是村落价值生产和共同体得以维系的根基，它如文火慢热，却能触动所有的神经，在整个村庄范围内联动起来。仪式性人情则往往是补充，尽管具有爆炸性，却因局限于某个圈子（家族、本家、"自己人"）的范围而无法上升到整个村庄，且因其有次数和频率的限制，以及容易产生"名实"分离，对于村庄的社会关联和社会资本而言，功能显然要弱得多。

怎样才能成为"自己人"

东北农村普遍没有形成稳定的血缘集团，以及一定程度的共有的行动准则。该地区农民为解决生产、生活和交往方面的问题，一般通过人情来搭建不同姓氏、不同家庭的关系。当地村内通婚较为普遍，人情盛行，名目繁多让人眼花缭乱，由此带来的开支已使农民不堪重负。东北人情与江汉平原、贵州农村的状况极为相似，都表现为繁盛而无规则。

在这些地区，现代性的公平与正义、公正与权威等观念较为容易被人接受，血缘本身被认为是政治不正确，不能作为行动的依据，兄弟之间讲究的是法律上的平等。但是，血缘的不在场并不等于人们在日常生活中不需要他人的帮助，不需要与他人进行感情上的沟通。在血缘淡薄的原子化农村，帮助和沟通如何可能？人情是联结农民家庭之间最有效和最有力的桥梁，农民通过人情的纽带将"外人"内部化，变成"自己人"。这也是为什么即使人情负担再重，农民也不轻易退出人情圈。

一

自己人的交往原则讲究的是建立在长远预期基础上的人情面子，而不是短期的利益算计。在江汉平原，人情的组织以村民小组为单位，小组打破了血缘的范围，不仅是生产生活的单位，也是娱乐休闲、情感交流的共同体。不在小组里的血缘群体可以没有人情往来。在贵州农村，人们最基本的社会关系也不是血缘关系，人情同样扮演着重要的连接纽带。事实上，该地区的人情单位远远超出了村民小组的范围，只要是周边村寨的人都可以纳入人情单位。东北农村基本上没有血缘的认同，村落内部的各类关系因为没有血缘的规范而变得十分复杂，而是由人情勾连着。

人情在血缘很浓厚的地区，如中原和南方农村，也很重要，但人情本身不是根本，它是血缘关系的润滑剂。在原子化地区，人情本身就是本体的，撇开人情，一切关系以及由关系规定的行动规则都不存在。人情作为外人内部化的机制，在这些地区不仅规定了相互之间的关系，而且规定着关系背后的行为逻辑。两个在一个地区生活、成长起来的人，尽管相互熟悉对方，但在建立起人情之前，两人的关系并不很亲近，交往中虽然也讲究熟人社会的面子、交情，但一旦遇到利害攸关的时候，必然会据理力争、互不相让。而当他们由于某种机缘，建立起了人情往来，关系就立马变得亲密起来。道理很简单，人情让两个本来不是自己人关系的人将对方变成了自己人，进而纳入自己人的体系。

自己人的交往不同于外人之间的交往，交往规则完全不一样。自己人交往讲究情感、情谊和人情面子，外人的交往更多的是理性的算计和依法办事。所以，通过人情建立关系之后，交往双方的行为逻辑也相应地发生了变化。自己人关系带有很浓烈的情感意涵，总是温情脉脉、柔情似水，田园诗一般。在交往中，由于人情的纽带，人们很难将面子拉下，做出很出格的行为，或不给对方留一丝面子。有人情在，就有约束和必要的牺牲。村干部正是利用了人情的这些特征，使工作开展得游刃有余。与村民，特别是与大社员一类的村民建立良好的人情关系，工作基本上就算做得差不多了。很难想象作为村干部的人情对象的农民，会不给村干部面子。不给面子，就是不懂得人情世故。在将人情看得如此之重的地方，不懂人情世故，就是政治不正确。

人情及其背后的规则决定了人们的人格结构和思维结构，决定着人们的行为逻辑，决定着人们的是非观念，决定着当地社会的政治正确。不按照人情办事，将人情对象当陌生人，驳他的面子，出他的丑，就是政治不正确。即使这个人做的是错误的，或者是你反感的，你也要给情面、留余地，不能把事情做得太绝。因此，人情在原子化地区，不仅勾连着相互之间的关系，使互助合作成为可能，同时也规定着当地社会的基本规则体系和观念体系，形塑着当地社会的乡土风情和人文结构。

二

我们在贵州、江汉平原和东北农村调查，一个很大的感受是，这些地区的人情很重要，同时却又没有什么规则可言，杂乱无章，当地人也感觉人情繁重难以承受。在人情的周期、规模、对象、载体、仪式诸多方面，这些地方都没有限制。

人情的周期是指做两次人情之间的间隔时间。人们认可多长时间可以举办一次酒席，本身就是一个很重要的规矩，超过了这个间隔，或者在这个间隔内多次举办酒席，都被认为是不符合规矩的。前者的过失在于你不给他人还人情的机会，从而使其承受着人情压力（心理层面），或者被认为是你看不起人家，许久都不请他们吃酒席。后者的过失是打破了周期的基本规定，使人情对象的人情开支猛增，同样造成人情压力（物质层面），或者被认为是想通过多次举办酒席来捞取钱财，剥削人情对象。

根据农村经验，一般的人情周期在十年左右，以一些重大的人生仪式为限，如出生、结婚、做寿、过世等，当然，因为人生仪式打破周期的硬性规定是允许的。宜昌农村有位老太太用了十五年还完了她老伴过世时的人情，心情非常轻松和自豪，于是开始谋划下一次人情。之前她不敢有此打算，因为旧的人情没还完又办酒席，怕人家说闲话。因此，她大女儿出嫁就没有办酒席，当小女儿即将出嫁时，人情已经还完，也就可以名正言顺、心安理得地办酒席了。在老太太眼里，在周期之内举办酒席收取人情是不合适的，她不敢打破这个惯例。这是严格遵循人情周期的地区。

在原子化地区，人情周期从1990年代中后期开始被打破，人们不再受人情周期的限制，开始缩短举办酒席的时间：从之前的十年为周期，2000年左右的以五至六年为周期，到2004年、2005年以三至四年为周期，再到2007年、2008年以一到两年为周期，周期急剧紧缩，办酒席的次数愈发频仍。人情周期缩短，或被打破，说明规范人情周期的规则被突破。

人情的规模在这里指的是举办酒席的规模，即一桌酒席需要多少钱，按什么样的规格、什么样的档次计划，这些在地方性共识中都是有规定的。在湘南农村，一般酒席要多少个菜，哪些菜，什么样的价格，怎么做，每个菜的量，如何搭配，上菜先上哪个，后上哪个，都有明确规定，不以主家的意志为转移。这样的共识抑制了恶性攀比所造成的浪费。贵州农村的酒席简陋，但人情礼金不低，主家办酒席的心态是赚钱。为了赚钱，酒席越办越简陋，有不少人干脆送了人情后就走，不在主家吃饭。在常德农村，举办酒席的竞争十分激烈，一家比一家更舍得花钱，从而造成恶性竞争，办酒席不但赚不了钱，还要贴钱，为的是面子上不输人。这些地区的人情都缺少一个超越个体家庭之上的规范力量，个体的意志很容易表达出来。

人情的大小指的是人情礼金，它与人情的对象息息相关。人情对象是指被纳入家庭人情链条中，成为人情往来一分子的人。传统上，不同的人情对象，在上人情时是有不同的规定的。在南方农村，宗族内部，人情送得最重的是五服之内的叔伯，其次是房头内的家庭，再次是宗族内的一般礼。在亲戚关系中，人情上得最重的要数舅表亲，再是姑表亲，最后是姨表亲。同一层次内的关系，不会随意送人情，而是按照当地的普遍准则，各个家庭事先通气，到底送多少，下一层次的人送的礼一般不会超过上一层次关系的。总之，不同的人送不同的礼，相同的人送的礼则相差不大。

我们在江汉平原调查时发现，该地区在人情上已经不再恪守人情对象与人情大小的基本规范，送礼已经突破亲疏远近原则：交情好的，上的人情就多；交情不好的，上的就少，甚至中断人情往来。同时，还出现了竞争的情况，为了显示比别人慷慨大方，比别人跟主家的交情更好，人情就上得比别人更多，从而使人情礼金不断上涨。从之前的几十块钱，到几百，现在上升到了几千块钱，人们不堪人情的重负，又不得不为之。另外，只要是有点沾亲带故的人，不管应不应该邀请，都被邀请过来，突破了传统规则对人情对象的限制性条件，从而使得人情的链条无限地拉长，造成普遍的人情负担重。

人情的载体即人情的事由。什么样的事情才能够得上举办酒席，也是有规有矩的。如前所述，最基本的人生仪式必须办酒席。人情的周期以这些基本的人情载体为依据，但是当人情周期被突破之后，人情的载体就会有新的形式，不再拘泥于人生仪式。

2008年我们在贵州调查时看到，那里农村的人情载体可谓五花八门：今年建第一层楼房办酒请客，明年建第二层再请一次；为老人立碑要办酒请客；还没有到60岁，提前几年就把寿酒给办了，到了六十大寿再办一次；一个老人做寿，几个儿子分别在不同的日子办酒请客；实在是找不到好的由头来办酒，就把老岳丈请到家里来，为他举办寿宴。我们在东北农村调查时，正值高考录取放榜，很多家庭不管孩子考得如何、录没录取，先办个考学酒，收了人情再说。在这些地区，人们都在拼命地寻找由头，不管符不符合规矩，只要自认为说得过去，就整出一个酒席，然后心安理得地收取人情。

人情的仪式意指在有人情礼金的酒席中所规定的一系列仪式性活动。酒席的迎来送往、请客就位有着很多的规矩：首席、次席、三席、四席等主要的位置皆不可以随便就座，特定的人物应以特定的方式被拘座，一旦出现差错，就会产生很大的麻烦。陪客人也有讲究，没有相应层次、级别的人来陪客，即使被拘到主要位置，也会深感不爽，有被轻视的感觉。在湖北大冶，有三亲六党之说，不同的亲戚意味着不同的地位。在酒席中，一般由"支礼"来拘不同的席位，支礼会事先问明白。然而有时拘座出现差池，就很可能造成老亲（如父亲的舅舅一门）愤而离席，从此断绝亲戚往来，这往往被认为是故意找茬中断人情的一种普遍方式，但人们一般不愿意在酒席中出现这样的不愉快，因此主家和支礼在这方面特别谨小慎微。尤其是在传统婚礼和丧葬仪式中，仪式繁复而缜密且充满了禁忌，稍有不慎就会带来不好的后果。

很多农村地区，酒席上的仪式都在逐渐简化、淡化，甚至完全没有仪式，仅仅是吃喝而已。江汉平原和贵州农村兴流水席，从第一席开始就是随意就坐，不就贵客和席位，迅速吃完走人。我们在京山某村参加过一次丧葬，老太太是喝药自杀的，不见娘家人来"打人命"，也没有安排重要席位，只瞅见娘舅家的人混坐于众人间嬉笑怒骂。在江汉平原，酒席缺乏传统的礼仪规矩，只需要一个搞怪的主持就行，谁热心于搞怪，谁有积极性、能说会道，能够逗人发笑，就会被邀请做主持，此前负责司仪的礼生不再重要，不再需要固定的人选和特定的培养模式——礼生变成了丑角。在婚宴上，传统礼仪被舍弃，取而代之的是搞怪的"玩脸"，即戏耍公公与媳妇，花样越来越离奇、新颖，旧的玩腻了，就推陈出新。没有了仪式的酒席，就成了纯粹收取人情、吃完走人、搞怪逗乐的场合。

三

以上叙述表明，在原子化地区，人情的诸多方面都表现出去规则化的趋势，以前的公共规则，逐渐被随意性和私人性的主张所取代，私的规则在人情中扮演着越来越重要的角色。王德福从大冶农村人情大小和人情对象的高度匹配中，得出了当地依然是公的规则在起作用的结论。公的规则抑制了私性的膨胀和竞争。

所谓公的规则，就是地方性共识中对人们行为规制、规范和限制性条件的总和，是一套应该如何行为、不应该如何行为的规则体系。个体及群体只有在这套规则体系中寻找行为的合理轨迹，并从中寻求行为合法性的资源。公的规则很强大的地方，往往会压制个体性的过度彰显，从而将当地社会维持在一个相对平衡的状态。在大冶，纠纷解决过程必须经过一个从家族到房头再到宗族的过程，"越级"是不被认可的行为。明家巷由房头组成的理事会会长明某与侄子因宅基地发生矛盾，希望理事会给予解决，但是理事会并没有受理，原因是他没有经过房头内部的过程直接上达房头理事会，被认为是不合规矩的。宗族房头公的规则在这里打消了明某私的打算，维护了公的规则的权威性以及纠纷双方的公平性。

公的规则在人情中表现为人情的周期规定难以逾越，人情的规模、大小都有硬性规定，与经济条件没有太大的关系，人情的对象不依据交情来设定，人情链条的伸缩有规有矩，不依个人喜好和意志为转移，人情的载体被限制在主要的人生仪式，再加上一些重要的事情，人情仪式相对保存完整，张弛有度，等等。2008年湘南水村马医生家里办毕业酒，考虑到家庭条件较好，考学又如此之重要，近二十年没有办过酒席了，马医生家想多弄几个菜，但这个想法被管事的几个人给否定了，原因是怕引起不必要的攀比。在湘南等地，公的规则具有至高无上性，即使最强势的个体、家庭也必须对之俯首称臣，个体无法对公的规则发起挑战。

私的规则，讲的是以个体私人的喜好、意愿、能量、势力为行动的准则，而不以外在强加的限制为依归。私的规则与公的规则相对应。私的规则在乎的是私人的个性、喜好、面子、感受等。我们在皖北调查，一位80多岁的老太太去世，她近60岁的儿子要按照一般的规矩办丧事，但是她30多岁的孙子不肯，一定要请脱衣舞者来热闹，由此父子产生了激烈的对抗情绪。最后孙子威胁父亲说，如果不按照他的要求来办，他就不出钱，以后也不会给父亲养老送终，最终父亲向儿子妥协，"脱衣舞"顺利进入村庄。

私的规则以挑战公的规则的姿态出现，带来了一系列重大而深刻的后果：公的规则退让，人们行动的一整套限制性条件不复存在，行动趋于无序；私的规则必然导致人们在某些事情、对象上展开激烈残酷的竞争，比如"脱衣舞"的引进，是通过感官刺激吸引更多的目光，使丧事热闹，从而获得面子，而其本身就需要很多的花费，花得起这个钱就是有面子，必然引起攀比之风。其他如人情规模也如此，没有了规则的限定，完全按照个人条件来搞，其他条件不好的家庭也要跟风，花销在竞争中越走越高。公的规则一个很重要的功能就是抑制人低俗的一面。私的规则的进入，会招惹一些低俗之风，这就是为什么我们会在许多农村地区看到丧事上跳脱衣舞、唱流行歌曲，婚礼中玩"灰公醋婆"等场面。

在人情中，私的规则占主导之后，有的地方出现了奢侈攀比之风，而在诸如贵州、江汉平原、东北等地的农村，则往往将办酒席当作收取礼金、赚钱的最便捷手段。2008年金融危机导致贵州许多农民工提前返乡。如何过个好年，如何筹划来年的开支就成了这些没有赚到钱的人的首要问题，想方设法整酒、收人情成为最优选择。有户人家两个儿子都未婚先育五六年，2007年建了新房欠了债，2008年没有赚到钱，债主却上了家门。于是这户人家以为大儿子举行婚礼为由整酒，整酒当日就有几拨要债的上门。据寨子里的人讲，他们家还预计明年再为小儿子举办婚宴，并且还有个近90岁的老太太可能在不久的将来过世，自然也要整酒收人情。私的规则促使当地人可以无视其他人的感受，不厌其烦地、大胆地为了私人的目的而行动，其他人必然也会以同样的方式行动。我们调查期间，就有人不堪人情重负退出了某些人情往来。

四

综上所述，在原子化的农村地区，因为缺乏强大的公的规则，私的规则主导着人们的行动，人情呈现出繁盛而无规则的局面。

任何规则都不是凭空存在而起作用，它需要有一定的载体，不同的载体承受不同性质的规则。在南方宗族性村落，公的规则在日常生活中扮演着主要角色，而在原子化地区，私的规则较为显著，这与承载不同规则的结构相关。在前者，承载公的规则的是宗族房头，后者是私人个体、家庭，它们本身的行动逻辑完全不一样，最终强加到个体层面的行动也不同，因此呈现出来的个体行动的规则也大相径庭。在宗族房头内部，讲究的是长幼有序、男女有别、尊卑有差的差序规则，当个体在村落里举办酒席时，仪式内容就会体现出来，假若个体打破了宗族房头的差序规则，自行安排，房头内部的人就不会合作——你不尊重我，我何苦去丢面子——而使酒席难以办下去。

原子化地区讲究的不是权威与差序，而是个体家庭的自主体验。个体家庭强调其行为的合法性来自国家法律与其对外界的想象。因此个体较少受制于周边人群的影响和地方小传统，在不违背国家法律的前提下,主要以自身的感受和体验为准则。在这样的文化背景下,我们看到在原子化地区,人情的各个方面都按照私人的好恶为基准践行,典型的如婚丧上的搞怪、跳脱衣舞,完全脱离地方传统,只讲究个体主观、感官体验。

在人情的其他仪式上,因为摆脱了宗族房头的差序,个体无论老幼都在平等的层次上看待彼此,秩序一旦混乱也就无所谓礼仪,如外甥与娘舅平起平坐,不再考虑尊卑等级,酒席上的乱坐也就无所谓了,"随便还好些",仪式也就不用举行了。原子化本身的定义就是血缘观念的淡化,行为的逻辑不能从血缘中去寻找,因此私的规则即对血缘所规定的规则体系的反叛,即对与血缘相对的姻亲、朋亲等规定性的反叛,它打破既定的规则体系,由个体自主决定行为的对象、方式,并承担相应后果。

公的规则,主要是血缘规定的差序的规则,在宗族房头力量比较大的地区仍表现得比较明显。如果说中华人民共和国将很多地方的血缘及其规则打破之后,在前三十年确实建立了新的规则制度,以重新规约人们的行为,那么后三十年,国家在这方面的兴趣似乎不大,在移风易俗上花的工夫较少。因此,在原子化的地方,原有建立于血缘之上的公的规则没有了,而国家又没有建立新的规则,私的规则就乘虚而入,并且越来越猖獗。

村庄预期与"气"的救济机制

"气"在农民的日常生活中具有丰富的内涵和意义，它是人们交互作用的结果，只有发生碰撞和摩擦，"气"才会产生。不同的对象之间会产生不同类型的"气"，不同情境中的相互作用也会有截然不同的"气"。根据陈柏峰的理解，"气"是人们在村庄生活中，未能达到期待的常识性正义衡平感时，针对相关人和事所生发的一种激烈情感，"出气"是达致平衡的最直接的方式。但是能否出气，出气的方式、时机，乃至出气的对象，都不以当事人的个性和脾性为转移，而是由深层的村庄因素所决定。这里涉及村庄中"气"的救济机制问题，即"气"作为一种激越的情绪和情感，无论是淤积内心还是释放出来，都需要相应的救济，否则会使当事人及其所处社会关系出现问题。

村庄中的"气"，一般产生于村民之间的密集交往。这种"气"的程度和救济机制视村庄的预期长短而论。随着农村社会由传统向现代转变，村庄的预期逐步缩短，村庄中的"气"及其救济机制也在变化。

一

"气"是村民在村庄生活、生产和交往中,产生并积蕴于内心的一种负面情绪和激烈情感。无论是对于负"气"之人,还是村庄社会关系,它都是一种极大的心理负担,需要平衡,更需要排遣。除了当事人直接把"气"往对方身上撒之外,村庄还有其他的对有"气"之人的救济渠道。

村庄作为伦理与功能共同体,在各方面都具有长远预期性。人们计较的不只是一时的利害得失,还有长远的、子孙后代的荣耀和面子。与锱铢必较、睚眦必报相比,村民更在乎光宗耀祖和荫庇后世。因此,农民便将眼光放得长远,将心胸放得更开阔,把今天受到的"气"放到明天去出。人们因为有着对未来的稳定预期,就不一定要争口硬气,及时出气,而是韬光养晦、积蓄力量、寻找时机,等待将来某个时候再把"气"撒出来。所以,在"气"未出胸口之前,人们一般不会将"气"衔在嘴边,更不会怄气,也不会影响交往。

> 我们在某地调查时正好碰上数位老人在谈话。一位七十多岁的老头在向众人抱怨他的儿媳妇太嚣张,在座的都很同情他,说他媳妇的不是,而一位八十多岁的老太太却似乎未受感染,反倒不无讥讽地说:"你也会有这样的下场!"场面顿时尴尬,老头满脸通红,一气走了。原来,老头曾担任过二十多年的大队书记,而那时老太太跟二儿子、媳妇不和,经常吵架。大队出来调解,老太太的

儿子、媳妇给大队书记送了礼,"理"自然就在他们身上,而错误则在老太太身上。为此老太太对该老头好气,但一直没法出,三十多年过去,终于逮到了这个机会,而且是在众人面前出气,解气得很。

村庄里的"气",是因生活中的小事引起的,一般不会猛烈爆发,也不会得理不饶人地释放。预期的长短,是"气"的救济机制的基础。预期越长,人们相互间接触越多,各种生气的机会和事情也就越多,但是长远预期使人们的气度增大,生的"气"很小,不会无限放大,出的气也不会是恶气。同时,长远预期的"气"不会寻找和苛求一时一地的短期释放,很少有气不过来的时候,绝少有硬气的存在。此时的"气"可以放在彼时出,今生的"气"可以来世出。总之"气"是一定得出的,只是出气的时间可以置换。

在预期长远的村庄,除了出气时间可以置换之外,"气"所针对的对象也可以转移,即在此事上受了"气",可以在彼事上出气,或者在其他方面争了"气"。这与村庄的面子竞争是一个道理,在某个事情上丢了"面子",可以在其他的事情上争回面子,而不是将"气"、面子吊死在一棵树上。所以,村庄生活中人们一般不屑于长久地纠缠于某一件事情,不会在某一件事上怄气,而是退一步海阔天空。生活还要继续,交往回归正常,而不会为了逞一时之"气"将关系闹僵。退出某一件事情的争气和斗气,人们完全可以在其他事情上争气和出气。

"气"的对象的转移,也可以获得一种完整的"常识性正义衡平感"。用湘南的话来说,就是"有'米'筛的没'米筛',有'米筛'的没'米筛'":人家有米你没米,你很"气",但是人家没有米筛而你有,于是你就"出了气"。这就是"气"物的转移,有了这个转移,人们的心态就平衡了,不会去闹出乱子。

> 湘南农村素有在生儿子这件事上竞争的风气,生儿子多的家庭就是竞争的胜利者,有面子和底气。水村一对姐妹同嫁到一个自然村,从一开始两家庭就在各方面展开竞争,特别是在生育男孩这件事上不遗余力。在姐妹双双被乡政府抓去结扎之前,两个家庭都有了四个子女,姐姐家是一男三女,妹妹家是三男一女,妹妹在竞争中处于明显的优势,于是在姐姐面前底气十足。而姐姐则是失败者,对妹妹家很"气",但也没办法,只得暂时忍气吞声。等到子女都长大成人,姐家的独子考上军校,变成了"吃国家粮"的人。妹妹家三个儿子,其中一个上中专,其余初中没毕业就打工去了。于是姐姐家的男人在外边说,"终于气了他们家(妹夫家)一回大的",他家出了十几年的一口气。

另外,个体的"气"还可以通过转移为公共的"气"而得到消解,亦即经由密集的公共生活将个体私人的"气"给排遣掉:一方面表现为在公共场合"看人家的笑话",即通过编织或散布对方的不利言行、私密事情而达到"解气"的目的；另一方面，密集的公共生活本身就是排遣、宣泄的最佳场所，通过在公共空间发泄、吐露，也能够消消气。

二

因为村庄生活具有长远的预期，村庄的"气"也就有了时间"置换"和目标"转移"两套救济机制。它们使得"气"有了释放和排遣的渠道和条件，化解了人们的不满情绪和过于激烈的情感，使村庄社会关系在一个长期的过程中达致常识性正义衡平。但是，当村庄的预期缩短之后，村庄"气"的救济机制又会如何变化？

熟人社会中的人情具有长远的预期，它将已有的"关系"延续和强化下去，使村庄具有人情味，并通过人情往来凝结成一个紧密的伦理与功能共同体，满足人们社会性、伦理性和功能性的需求。而当人们对村庄的预期变得越来越短之后，更多的人不再讲人情，不再讲面子，不择手段的风气在村庄内部迅速蔓延。每个人都依据将自己利益最大化的原则与他人交往，而不再顾及以往的人情、交情乃至亲情，什么事情都是一次结算。这样，村庄的人情味越来越淡：一方面，在村庄中无利可图的人，就不与之交往，因此村庄的交往被利益算计稀释，迅速减少，表现为串门的少了，公共生活少了；另一方面，有利可图的则利益纷争渐长，村民之间分利必争，在利害面前绝不手软，要尽阴谋。

于是，人们的"气"就越来越大，越来越难以通过传统的释放方式得以排遣和稀释。村庄预期缩短，时间不再是人们考虑的因素，因此时间的置换变得不太现实，现在的"气"必须现在发泄，当下解决，不能延后，否则会被认为丢"面子"，是软弱的表现。这样，村庄的"气"就成了即时的气，成了不能"置换"的气。

同时，"气"的对象也不再轻易"转移"，在什么样的人、什么样的事上受了"气"，就必须在他们身上出气、撒气，气要一对一地对应起来，不能有偏颇，不能转移到另外的事物上去。只有这样，"气"才出得顺当，出得理直气壮，才能达到常识性正义衡平，心态才会缓和。

"气"的救济机制完全更换了"气"的面孔，以前出的是细小、琐碎、柔和的"气"，现在整个的变成了硬气，每个人都不舍昼夜、不惜血本地要给自己出口硬气，真的成了"树活一张皮，人争一口气"。就为这一口气可以牺牲整个村庄，如请混混进村解决"气"的问题，破坏村庄交往规则。

当村庄"气"的救济机制更迭之后，"气"的释放方式也随之变更。原先"出气"讲究的是"事理"，与个体所依存的力量、势力没多大的关系，如今为了达到常识性的正义衡平感，释放"气"的方式首要的就是"身体暴力"，就是各自力量的对比，力量大的容易出气，容易获得正义衡平感，而力量弱小者则只能哑巴吃黄连，或者用更激烈的暴力方式解决自己的"正义"问题。

三

村庄中"气"的救济机制的变更，背后所展示的是一个遭遇巨变的乡土社会，乡土社会的内在逻辑正被自由市场、人口大规模流动所侵蚀，乡土逻辑被其他的交往和行为逻辑取代。村庄预期缩短的一个重要表现就是村庄价值生产体系的解体，人们可以随便逃离村庄，用不着在乎村庄的评价，可以完全退出村庄的面子竞争。利益才是人们追逐的对象，为此可以不惜一切代价。

通过对村庄中"气"的解析，我们认为，在村庄社会急剧变迁，而且此过程不可逆的当前，为了缓解因"气"造成的对个体和社会的灾难性后果，一方面应该加强国家权力对村庄的介入，整合村庄秩序，为人们的生活创造良好和谐的环境氛围，另一方面则应针对在这一变迁过程中极易遭受伤害的人群，给予他们应有的救济，给他们一个能够较好出气的场合和渠道，减少他们在变迁过程中的阵痛。可以通过加强农村的文化和价值建设，在一定程度上扭转农村的边缘化地位，增加农民在主观方面的福利。

"气"与农村老年人自杀

一

2008年在川西平原农村调查，受访对象赵二婶75岁，老伴80岁，儿子1972年结婚，媳妇生下大孙女六个月后就分家了，但还在一个院子住。赵二婶婆媳之间一直就"闹战"不可开交，既敲又打。赵二婶说："媳妇在家用胳膊肘顶撞我，我把她的衣服烧了。是她先整我的，我就这样报仇，她的衣服还是我买的呢。当时生产队长、妇女主任都来劝，谁也不批评，就说这样都要不得。我们娃不说我坏也不说我好，他也不敢说媳妇不对。我头年来，第二年就分家了，也跟婆婆吵架。"谈到跟婆婆、大嫂、媳妇吵架，赵二婶说："吵架都生气，怄一些气，吵过之后就算了，你骂一些，她骂一些，就不生气了。"

"她用胳膊顶我，我就烧她的衣服"——这似乎不是婆媳矛盾，而是一对冤家在宣泄各自的不满：婆婆没有婆婆的样，媳妇没有媳妇的样。这里婆媳关系已没有多少伦理色彩，没有了尊卑长幼之分。婆婆面对媳妇没有一点尊严和威严，不过是一个极其平常而年龄比对方稍大的妇女。而媳妇在婆婆面前则没有半点畏缩和恐慌的情绪，仿佛她的对手不是丈夫的母亲，而是自己的情敌。在这场婆媳战争中，没有道德上的高位和低位之分，有的只是力量和分量的对决。

由于缺少道德的支撑，川西平原的婆婆与媳妇不管是在日常生活中，还是在争吵中，都是以一种平级的姿态出现在对方面前。这也就是为什么大队在介入婆媳纠纷时，没有以明显的道德立场站位，去批评媳妇对婆婆的不尊崇和不孝敬，或者批评婆婆的臭架子。由此，婆媳矛盾中的是非曲直也就难得决断，只能说"这样做都要不得"。而如果这件事发生在一个孝道观念十分强烈的中原农村，首先要被猛批的就是媳妇，无论是非，她都要承担事件的道德责任。

二

婆媳关系一旦脱离了道德的考究，婆媳就站在了平等的起跑线上，她们要做的是一对一的还报，即你打我一锤子，我还你一棒子，这是一个对等的交换法则，不包含情感和道德的成分，是平常人之间泄"气"的办法。因此，在缺乏道德和情感寄托的前提下，"气"的主要发泄方式之一就是相互"出气"。之所以相互出气能达到消气的效果，是因为两"气"在质和量方面都是对等的。

而一旦某个"气"被附加了某种道德和情感的成分，其在质上就完全变了，变得沉甸甸，明显的感觉是这一方怄气，气不打一处出，淤积在心中。此时，相互之间的"气"就不对等了，一方重一方轻，尽管还是"你顶撞我一下，我烧你的衣服",双方都把气给出了,看来好像很公平,但气重的一方却不会因为烧了衣服就觉得出够了"气","气"只出了那么一点点,还有更为厚重的"气"没有出,所以仍然会怄气,气得不行。

在一些老人自杀率很高的农村地区,老人对子女、媳妇有很高的期待,这种期待是传统氛围赋予老人的:作为父母含辛茹苦把儿子养大成人,为其盖房子、娶媳妇,隐含了对儿子的两个非常重要的期待,即养儿防老和传宗接代,因为在传统的观念里,为回报父母的养育,子辈必得为其养老,尽孝道。而到老时,老人却突然发现整个世道都变了,儿子、媳妇非但不孝敬自己,反而整天骂得自己狗血喷头,"老不死"常萦绕在耳边。这样,现实与老人在道德和情感上的强烈期待形成鲜明对比,媳妇骂一句,老人就气得不行,心里怄得慌,往往容易以自杀来解气。

代际关系中道德含量越高,人们就越多地从道德的角度去评判代际关系,去评判老人对子女的养育与子女对老人的孝道,老人对子女的"气"的分量就越重;同样,老人对子女寄予越多、情感寄托越丰富,希望从子女身上获得慰藉,甚至把人生的意义和生命的所有价值都寄托在子辈身上,其对子辈的期待——无论是子辈个人的出息,还是对老人的孝敬,抑或是为老人传宗接代——就会越高越强烈,对子辈的依赖性也越大。于是家庭生活形成以子女(尤其儿子)为中心,而不是以个人或夫妻为中心的结构。老人对不孝、不争气的子辈的"气"就会非常沉重,难以释怀。

这就是说，在老人强烈情感和道德寄寓的背后，是个体人生意义和价值的根本性问题，是个体超越了物质生活与动物性的一种至上追求，它构成了个体生活和生命的本体性价值。

在传统社会，农民最为根本的本体性价值是传宗接代，延续生命的意义。如果传宗接代不存在问题，农民就会有更多的追求和更大的事业心，而一旦传宗接代受到外力的阻隔而中断，个体生命的灵魂和精神则无以寄托，精神生活与日常生活都变得虚无缥缈，此时村落里的人生就不再有希望，不再值得期待，未来也不再存在。以传宗接代、延续香火为基础的农民价值为人们展望的是一个充满期待和憧憬的未来，因为一旦个体生命得以延续不断，未来便是实在的和立体的，是看得见摸得着的。相比于未来的也即子孙后代的可以想见的幸福生活，当下的生活变得渺小而无足轻重。当农民有了祖宗崇拜—延续血脉—拓展生命的基本信仰，就会适当地放弃和遗忘个体当下的生活，把人生的希望和生活的憧憬完全寄托在子嗣身上，期望子嗣能比自己过得更好，自己的人生由此可以完满地画上句号。并且，在传统社会人们的这些价值观念寄寓的日常生活中，有许多伦理规范和道德准则对此保障，所谓的伦常礼数皆为规范人们的日常行为和思维以实现传统的价值理念，因此子辈很少惹父辈生气，而会严格恪守尊卑长幼秩序。

而当这些传统的孝道观念和价值理念遭遇传统社会向现代社会转型的剧烈变化时，受传统价值理念熏陶的老人会极度不适应，心理落差很大。在这样的地方，老人的自杀率往往比较高。因为老人面对子辈严重的不孝顺乃至虐待，却无法对自己所受到的不公正待遇进行救济和诉说，会觉得整个人生都是灰暗无光的，生活的意义和生命的价值在这个时候顿然消失，根本无法再重新振作，这样的老人很可能会走上极端的路子，只有走极端才能够出自己心中的恶气。

我们在河南安阳调查到一个案例：媳妇对公公指手画脚、破口大骂，还拳脚相向。公公气得不行，非除去这个"败类"不可，便将媳妇给打死，然后自杀。江汉平原的一位老人面对儿子的不肖则直接"吃挂面"（上吊），一死了之。在这些案例里，老人的"气"是那样的不平衡：子辈的不孝言行（可能是随口一句话）所引发的"气"，需要用自己的死来发泄，可见老人"气"的分量之重。

三

这些老人出气的方式很大程度上不是"你顶撞我一下，我就烧你的衣服"，这种儿戏的方式只会降低自己的身份，降低自己"气"的分量，不但出不了气，反而会萎缩自己的道德形象，给人家以"老不像样""泼妇"等恶劣的感受。站在道德高位的老人要出气，要达到地方性的常识性正义衡平，出气的方式也要具有道德上的优势，高雅而脱俗，能够出气又不在道德上输一层，甚至还要增进自己在道义上的崇高形象，以达到打击对方壮大自己的目的。

既要出气，又不能损自己的形象，出气就有两种基本方式：一是在密集的公共生活中谈论子辈的事情，把窝在自己心中的气一股脑儿地撒出来,在公众中丑化媳妇的形象,博取他人的同情和理解,由舆论氛围和村庄制裁去对付不肖子孙。这种行为说是把家丑外扬,其实是传统社会中通过村庄舆论机制来控制村庄道德性越轨者最有效的办法。在公众场合把事情这样一抖出来,"气"就消了。

这种消气的条件是村庄共同体仍有较强的凝聚力,人们能够达成一致的地方性共识,地方性规范和伦理能给予被"气"者适当的救济,村庄能够形成猛烈的舆论氛围,无论是"当着面"还是"背地里",人们都不会担心言论风险,道德性越轨者无法逃脱村庄的舆论和制裁,等等。具备这些条件的村庄,老人很少有气得不行的时候,即使有也很快就可以出气,所以老人的"气"一般不会造成很大的问题。

缺乏这些基础条件的村庄,老人的"气"要出得"优雅",许多时候难免会走上过于偏激的自绝之路。在传统中国人的观念里,自杀者会获得社会的同情性理解,往往具有道德的优越性,特别当对峙的双方一方是老人,另一方是年轻人时,这种道德上一边倒的情况更为明显,若是年轻人因代际矛盾自杀,人们也只会轻描淡写地说"这是他/她的命""命该如此嘛"。

大部分老人的自杀个案显示,老人通过自杀来出气,不是要直接把气撒到子辈身上,而是通过自杀这一具有绝对道德律令的行为向人们表达子辈之"恶"的信息,使子辈处于绝对的道德低位。即使再不在乎村庄舆论和人们表情的人,在这个事情上也会"抬不起头来"。

四

老人出气的方式越极端,说明其"气"里头包含的道德和情感的部分就越浓厚,也就是说"你顶撞我一下","气"不是"我烧你衣服"就能释放得了的——烧衣服报复而出气的分量很小,而你用胳膊顶撞我一下所生发的气甚大,根本无法对等。一个处于道德低位的人对一个自认为身在道德高位的人顶撞了一下,这在后者看来是极其恶劣的,为天理所不容。若对方非但不改变行为,还一意孤行、气焰嚣张、不可一世,那么由顶撞一下而引发的"气"在质的方面就会无限膨胀,被无限上纲上线,越淤积"气"就越大,就越难以找到泄气的渠道——任何渠道所泄的"气"都无法与所生的"气"画等号。气越大,泄气的渠道就越窄,留给生气者的选择空间就越小,最后只剩下"自杀"救济这一个渠道。

所以,对于那些道德性、情感性和价值性很强的"气",如果在其刚生气、怄气,其"气"还没有经过更强烈的道德酝酿之前就有一个很好的泄气渠道,那么许多老年人为这样的"气"而自杀的情况就可以很大程度地被避免。

荆门等地老人的自杀情况曾十分普遍,但在建立老年人活动中心之后,老年人有了活动的场所,在一起聊天喝茶、打麻将、玩牌,说出自己以前无法言诉的话语,发泄心中的不满,得到其他人的同情和理解,心情就放开了,对子辈不孝顺的"气"也慢慢消了。老人们说,自从有了老年人协会,老人自杀的情况都少了。老年人协会成了农村老人生气后的一个泄气场所。

三 农民活着为哪般?

南方村落为什么很少杂姓村民？

生活需要理由，在宗族性村落里生活更需要理由。宗族性村落的"历史感"与"当地感"是人们对宗族祖宗、村落历史、自我、村民及未来的生命体验和情感意识。它们为人们在村落里的生活提供了理由，使人们能够在村落里安身立命。同时，"历史感"与"当地感"也为村落社会提供了一整套基础秩序规范，从村落生活的不同层面规定和调整人们的行为和思维方式，确定村落生活和交往的基本模式，从而使人们的村落生活得以可能。

一

在南方村落经常会遇到这样的事情，一个在村落里生活了数十年的大家庭，某一天突然搬出村落，原因是这家属于"外姓"。尽管他们跟村落里的其他人拥有一样的语言风格，一样的行为举止，一样的风俗习惯，但就因为是"外姓"，所以必须在适当的时候搬出村落。之所以如此，是因为这些人无论在这里生活了多久，哪怕是数代人，也没有在该村落生活的理由。但其祖辈生活的村落依然为其保留着这样的理由，而祖辈村落里的村民也会毫无芥蒂地接纳这个从未谋面的村民。

村落骂街是再平常不过的事。但骂街是有规矩的，即只有妇女之间对骂，男子一般不掺和其中。一旦某家男子不懂规矩硬是掺和进来，对方的妇女就会指责他太过分，企图把她家从村落里赶走，但是因为"我家某某（老公）也是湾里人"，所以"赶我们走是不可能的事"。那么，这里也把在村落里之所以能扎根、站稳脚跟的"理由"给搬出来了——那便是"我家某某也是湾里人"，所以这家人完全有"理由"生活在村落里，不用担心别人的欺负。

我们把村民生活在此村落而非彼村落的"理由"，称为农民的"历史感"与"当地感"。正是村民共同秉持的"历史感"与"当地感"，使得村民能够理所当然地生活在一起。

在湘南宗族性村落，村民由于祖祖辈辈都生活在村落里，形成了对村落历史共同的情感。他们的历史要往前追溯到开山鼻祖，因为这个祖辈及其后人在村落里的生活，创造了村落及村落历史，所以作为当下村落里的人也有着与祖辈"共在"的感觉，有着祖辈的村落即我的村落，祖辈对村落的贡献即我的贡献的气魄和胆识，未来的子嗣也同样会有这种情感体验。这样，村落里的人就把祖辈和子孙后代的"彼在感"与当下生活的"此在感"勾连起来，使个体有限的生命贯穿在对祖辈的追溯和子嗣的传递的永恒意义当中。每个人都生活在这种深厚的"历史感"当中，便可纵贯村落历史，谈古论今，既传颂祖辈的美德和艰辛，感叹当下生活的来之不易，也想望子孙的幸福生活与村落的繁盛兴旺。

村落是祖辈奋斗过的地方，当下村民从祖辈那里接手过来并将留传给子孙后代，村落故而见证着宗族的历史，感受着宗族的酸甜苦辣和喜怒哀乐，宗族的一切都离不开村落。由此，人们便对生活中的村落有着特殊的情感，有着"祖辈就是当地人，因此我也是当地人"的情感意识。这是典型的对村落的"当地感"体验。当前的村民不仅仅有生活在现在的"此在感"，还因为祖先参与了整个村落的形成、开发和发展，所以也相当于"我"参与了，而有种与祖宗同在的"彼在感"。这样，当代人与古人、村落的现实与历史就完全串连了起来，现实的即历史的，当前的即是过去的，现在的村里人即过去的原住人。

在村落里，农民的"历史感"有物质上的附着物，诸如宗族的宗祠，祖宗的坟墓等。这些物质型构了村落的基本形态，及人们对村落、宗族和村民的基本心态。宗祠是宗族历史最直接的象征物，是宗族祭祀和大型仪式、活动的主要场合。在这里，人们对宗族历史的记忆和心灵的感应最强烈，对祖宗的敬畏感和庄严感油然而生。对于同宗同族之人的认同感也在此增强，"屋里人"的观念倍受推崇。宗族正是通过经常性地在宗祠里举行集体活动，加深人们对祖宗的缅怀和追忆，增进个体对族人的认同感和认受度，使生活富于人情味。祖坟同样也是人们对祖宗及宗族历史展开记忆的载体。坟墓见证了村落的历史。村落里的人没有抽象的宗教，但有祖先崇拜。宗族成员的生命意义在于对祖宗生命的延长，完成祖宗的事业，延续祖宗的香火，最终在祭扫祖宗坟墓之后，自己的坟墓也能够为子孙后代祭扫。农民的"历史感"就在这些象征物和象征活动中一步步地孕育和增强。

二

人们因为有上接祖宗下连子孙的"历史感",便能生发对村落的"当地感"体验,有着强烈的当地人意识。"当地感"是区别于对其他村落的特殊的情感意识。人们把这种感情赋予祖辈生活过的村落,使自己的村落与他人的村落区别开来,从而对该村落也就要求有区别于对其他村落的行为、思维和情感模式。"当地感"和当地人意识的存在,使村落形成了独特的人伦关系和道德意识。

"当地感"是在"历史感"的基础上形成的,没有对宗族的"历史感"也就不可能对村落里生发出特殊的情感。"历史感"是"当地感"的源泉。"当地感"的前提在于祖辈曾经生活和奋斗于该村落,在于拥有这段历史的情结。

当下的"我"及子孙后代从来就不是独立的主体,皆不过是祖宗生命及其价值的体现者和传递者。在这个意义上,"我"是祖宗事业的接替者,"我"出现在该村落绝不是偶然事件而是祖宗的有意安排,祖宗事业的世代传递必然在这个时候、在这个村落传至于"我",而"我"则要竭尽全部生命再把事业传给子孙后代。"我"一直便是与祖宗同在,祖宗即"我","我"即祖宗,"我"与祖宗同体不分彼此,对祖宗的敬畏即是对生命本身的敬畏。因此,祖宗开疆拓土创建的村落即"我"的村落,"我"因祖宗也体验到了村落的开发创建的激情和艰辛,即"我"也直接参与了祖宗的伟大事业。毫无疑问,祖宗的村落就是"我"的村落,生"我"育"我"的村落就是祖宗、"我"及子孙后代安身立命的所在。因此,每个当下的"我"都会对村落有着难以言明的情感和情绪,都有"'我'就是村落里的人"的感觉体验,都有村落舍"我"其谁的气度和胆略。这种"当地感"和当地人的意识推而广之,就是所有村落里的人、同一祖辈传下来的后代都是"当地人",每个人都要将对方视作"当地人"。

这里的"当地人"是同一村落的血缘团体,既强调血缘关系,也强调地缘意义上的聚落结构。"当地人"既是人们的自我意识,也是村落社区的强制性观念,任何符合条件的人都得被纳入"当地人"角色中,无人有权利将其排除在"当地人"之外,视其为"外人"。进而,由当地人组成的生活社区,就有其特有的行为和交往方式,有其独特的生活伦理和价值理念,有其不同于其他村落的共识与规范。在"当地人"与外人之间,要突出内外有别。同样的行为,同样的事件,在"当地人"内部要讲感情,讲分寸,点到为止,对"当地人"之外的人则没有这个限制。

三

"历史感"与"当地感"是人们在村落里生活的理由,在更深层次上还涉及个人和家庭生存的根本性意义和价值,即安身立命的问题。在传统社会,农民最为根本的本体性价值是传宗接代、延续生命的意义,由此把个体有限的生命寓于血脉传递的无限意义当中。一旦传宗接代不存在问题,农民就会有更多的追求和更大的事业心。如果传宗接代受到阻隔,个体生命的灵魂和精神则无以寄托,精神生活与日常生活都变得虚无缥缈,无着无落,此时村落里的人生就不再有希望,也不再值得期待,未来是不存在的,今朝有酒今朝醉,生活的享乐变得现实和重要。

农民的"历史感"与"当地感"正是在这个层次上为人们开辟了继续且体面生活的理由,为人们因日常奔波而劳累的灵魂提供了栖息和寄托之所。精神得到了愉悦和解脱,人们便不会因日常琐事的烦恼而埋怨人生、逃避现实甚至颓败萎靡,亦不因贫穷拮据而自觉低人一等,更不会为了当下生活的享受链而走险、作奸犯科、男盗女娼、侵扰邻里而自绝于村落。"历史感"与"当地感"令人们展望的是一个充满期待和憧憬的未来,因为一旦个体生命得以延续不断,未来便是实在的和立体的,是看得见摸得着的,相比于未来的也即子孙后代的可以想见的幸福生活,当下的生活变得渺小而无足轻重。

农民有了"祖宗崇拜—延续血脉—拓展生命"的基本信仰,就会适当地放弃和遗忘个体当下的生活,把人生的希望和生活的憧憬完全寄托在子嗣身上,期望子嗣能比自己过得美好。对当下生活的享乐不仅得不到提倡,而且还会受到村落的藐视和谴责。个体在当下有必要恪守村落的基本伦理、社区性共识和规范,与人为善,互助互爱,积极参与村落的公共性活动等等，是因为个体当下的生活和行为必然通过社区性记忆传递给子孙后代，并成为他们生活和行为的一部分而展示在村落社区里，人们因祖宗的品行而对其子孙后代加以评价、考量。

四

在宗族性村落，不同的群体获得"历史感"与"当地感"的方式和渠道不尽相同，这将意味着人们生活意义和生命价值的实现路径和程度也有所差别，这些差别规定着人们在村落社会的等级结构中占据着不同的位置，分享不同的权利/力和应尽不同的责任。

一个男子天生就拥有生活在村落里的"理由"，他们的"历史感"与"当地感"从祖宗和父辈身上继受而来，并寄托在子嗣身上从而传之后世，他们是村落的真正主角。"外姓"村民永远也不能获得村落和宗族的"历史感"与"当地感"，他们没有生活在村落里的确凿依据，只是暂时寄居于此。

村落老年人的"历史感"与"当地感"具有特殊性：一方面他们是村落"历史感"与"当地感"的活的象征，具有对村落统治的历史的、天然的合理性，另一方面他们的"历史感"与"当地感"又是不完整的，必须部分乃至最终完全地寄托在子嗣的身上，通过使"历史感"与"当地感"往下传递而获得在村落里生活的充分"理由"。缺少子嗣的老人，因为断绝了从祖宗和父辈那里继承下来的"历史感"与"当地感"往下传递的渠道，而使自己生活的"理由"逐渐散失，最终个体也从村落社区生活中消失。

对村落妇女的"历史感"与"当地感"的论述使我们惊讶地发现,原来我们无意中在展示一个古老的命题,即"三从四德"。在作为外婚制的宗族性村落,女子并非天然具有村落宗族的"历史感"与"当地感",在村落里生活不具备当然的"理由",若要想成为村落自主的一员,则必须从他人那里映射这种"理由",即因某人而拥有生活在村落里的权利。

在女子出嫁之前,她的"历史感"与"当地感"是从父亲那里获得的,她因父亲而生发对父姓祖宗和村落的情感体验,并在自我意识里将自己视为"当地人";既嫁之后,女子离开出生成长的村落来到陌生人的村落,随即也就弃绝了父姓村落的"历史感"与"当地感",脱离与它的关系,进而因为复制了丈夫的"历史感"与"当地感",得以迅速地融入陌生村落并获得自主的角色,成为地地道道的"当地人";夫亡或到了老年阶段,女子在村落里生活的"理由"就得从子嗣身上去寻找,通过对子嗣的期待和展望获得人生的意义和价值,使在村落里安身立命成为可能。

没有生育儿子的女子,在村落里生活就没有安全感。因为对她而言,宗族历史无以追溯,体验村落生活不再有意义,幻灭的灵魂和精神也就找不到可以依附和寄托的对象。秉承某个男子(父亲或丈夫或儿子)的"历史感"与"当地感"赋予女子在村落里生活的"理由",规范她们思维和行为的方式,将她们整合进村落共同体的既有秩序当中。

村落生活中的面子

在湘南水村，面子上的功夫要用人的一辈子去争取。其中，能够挣得最大面子的是三件事情：养崽，起屋，讨媳妇。这是三位一体的面子观，只有圆满地完成了这三件事情，人生才算获得了丰富的意义，人们的面子才是全面的。如果缺少其中的一环，特别是第一环，就意味着人生有难以用其他东西来弥补的缺憾，面子就会发生严重的断裂，所有以前挣回的面子都将变成人生的负债，成为面子上的累赘，蜕变为没有面子的事情。

一

三位一体中的"体"，在村落面子中是以"儿子"为中心连接点的，所有的面子都围绕着这个"体"打转，基本上没有逃脱出这个中心体的面子。娶妻子为的是生儿子，起房子是为了将来儿子能够娶上媳妇，拼命地挣钱为的是把儿子培育成人成才，就是村落里两家妇女喊天骂街，也是为了儿子的面子才有失体面地破口大骂。为了生儿子这个主导的面子，可以适当地做些没有面子的事。没有生儿子的"绝代人家"因为缺少了面子的这个中心体,活在村落里就算一辈子勤劳厚道,没有得罪其他人的,也是活得没有面子,这样的人生是没有意义和价值的。在三位一体的面子观中,这三件事情可分为三个阶段,在不同的时间段里完成。可以把一个农民的一辈子划分为三个"二十多",头二十多年是自己长大成人娶上媳妇生儿子;第二个"二十多年"是养育儿子并积攒钱物为儿子起房子;再后一个"二十多年"的头几年,也就是当自己五六十岁的时候,就要谋求为儿子娶门媳妇了。

第一个阶段"生儿子",是后两个阶段的基础,是所有面子的中心体。在水村,没有生儿子的"绝代人"是绝不会起新房子的,他们从讨媳妇一直到死都住在父母为其盖的老房子里。新房是为儿子娶媳妇建的。不为儿子建新房子,儿子就难得娶上媳妇。在湘南一带,说媳妇首先是女方亲属到男方看家庭情况,若一个家庭几个儿子共同挤在一幢房子里生活,这门亲事就很难说成。如果房子宽裕,其他情况还过得去,亲事十之八九是要成的。当儿子娶上了媳妇,做父母的,其一生的任务就完成了。他们也就获得了村落的完全面子,村民都会称赞和羡慕他们。完成人生三大任务的老人在村落里获得了声誉,说他们是有"福气"的人,也是有本事的人,他们的家是人丁兴旺的家庭。当然,他们获得的面子还有祖宗的一份功劳。

但是,如果前一个或两个阶段完成了,第三个阶段却迟迟不来,则以前获得的面子会慢慢散失。人们以前羡慕、佩服的目光会一点点地暗淡。有人会说,"养这么多儿子来做什么,又讨不起(媳妇)",既然不能给儿子娶上媳妇,当初就不应该生下他,生下了就得为其讨上媳妇。所以,在这种情况下,以前生儿子就由一件有面子的事变成了一项罪过:生了儿子也是白生,起了房子也是白起。花半辈子甚至一辈子积攒起来的面子彻底化为灰烬。老人会为这个面子上的晚节不保承受巨大的心理压力,随即成为村落生活的被排斥者和自我排斥者,把自己封闭在一个狭小的交往时空里。

二

在湘南宗族性村落,"养崽"是一个男子及其家庭最重要的事情,因为生儿子涉及宗族中许多敏感的东西,包括传宗接代、延续祖宗血脉,父母养老送终、继承家业,以及兄弟众多可以在村落里立稳足、说话有分量,家族人丁兴旺意味着祖先显灵,这一株人(屋里人)"发人"(人丁兴旺),在整个宗族里就有了底气和肚量,等等。在村落生活层面,这些事情表现为人们在生儿子上的竞争,不仅家庭之间为此鼓气,家族(堂公门下)之间也在较量。

家庭层面的竞争,表现为家境、辈分及年龄都相同的家庭之间,乃至兄弟之间的较劲。从小玩到大的伙伴或兄弟结婚成家之后,就开始暗地里在生儿子这件事上较起劲来,谁也不想输给对方。此时湾里的其他人,特别是妇女们,也开始指指点点,看谁家生的男孩多。当某家头胎就生了个男孩时,别家男子就在心里暗想或干脆明白地对其他村民说他家的也肯定是男孩。如果别家真生下了男孩,其心理便平衡起来,较量留到下一个回合；若别家生的是女孩，则这回合败下的阵，需要积蓄力量在下几回合中赢回来。尽管在第一回合中丢了面子，但还是有阿Q精神，硬说是头胎生女儿，以后好带弟弟。水村杨医师共有兄弟四人，前三个结婚的头胎都生了儿子，四弟也到处宣称他也将首先"生个儿子"。但四弟媳妇"不给他争气"，生下的偏偏是女儿，这就大丢他的脸面，使得他在其他兄弟和村民面前抬不起头来，逢人问起便没好话说"生了壶酒"。

在水村，人们相信自己不会在生儿子一事上失败，所以一直会较劲下去，这就形成了水村人口的特殊态势：小孩都是一茬一茬的，年龄相仿，隔一段时间又会有一茬。这是他们父母辈谁都不服谁的结果。在计划生育政策严格执行的时候，水村许多头胎生男孩的妇女都上了环。这几年，只要给钱就可以生，于是这些十几年没生小孩的人又筹划再生育。某家怀孕之后，其他家庭看不下去，说"人家都生，我们也生"，别人生了自己不生，等于人家捡了个便宜，自己反落得没面子，于是这批人又开始轰轰烈烈地生孩子。生育竞争一直进行下去，直到不能再生或被计生专员逮去结扎为止，谁有面子谁没面子就分出了个高下。

那些从来不曾生下男孩的家庭被彻底排除在村落面子竞争的主流之外，从此以后无欲无求，躲在他人的背影里了此一生。只生了一个儿子的男子及其家庭，一方面庆幸自己保住了根脉和面子，为以后的竞争埋下了伏笔；另一方面，相对于有多个儿子的家庭，他们又是失败者，是丢了面子的人，别人会这样跟他们开玩笑："你以后就不要起屋了，你现在住的那栋就够了。"意思是说你只生了一个儿子，等你们死了以后，儿子就住你们那栋房子。在这样的奚落面前，他们往往无言以对。生了两个及以上儿子的家庭在这一轮竞争中算是获胜者，他们赚足了村落里的面子。

水村一带有所谓"堂公门下"，即五服之内的人，亦即最基本的"屋里人"。一个宗族内部特别是一个湾里，不同的"堂公门下"在生育子孙上的竞争是明显的。如果一家族的男丁多，立户也就多，力量与势力增大，对于湾里的事情就有更多的发言权。只有三四户的家族，在湾里没有行事的能力，根本整合不起来。于是，小家族在生育男孩上更会不遗余力，暗暗地与其他家族较劲，只为将来自己家族能够兴旺发达。我们在水村看到，这样的小家族的家庭中，在1980年代后出生的孩子一般都有三个男孩，至少也有两个。

大家族之间在生育男孩竞争中的针对性强。有一个"发人"的"屋里人"，意味着家族是一个生命力旺盛、充满活力的家族。家族中每生下的一个男丁，不仅仅集聚了家族内部成员的关注，也集聚了其他大家族的关注。当生下一个男丁，家族内部的成员会数本家族已有多少男丁，近年来又多添了多少，比某某家族多了多少。所以，在村落里，哪个家族有多少户人家，男丁有多少，近些年添了多少，每个家族里的人都很清楚，知己知彼。

家族之间会在很多方面形成竞争，但基础性的竞争还是生育男孩。如果在这方面失败，意味着该家族正在走下坡路，要沉寂下去，不"发人"，在其他的事项上就更无法竞争。"堂公门下"的人越多，人丁越是兴旺，这个家族就越是有"战斗力"，"门下"之人就越会以"堂公"为荣耀，团结在一起。家族的力量以气势为基础，气势则由人数来填充。每个家族都不会主动放弃生育男孩的权利，家族成员会极力地怂恿本家族内的家庭尽量多生育——"看某某家都还在生，你就不生了？又不是养不起！"在"养崽不算米饭钱"的农村社会，生养都不计算成本。能生下来才是头等重要的事，生不下来，有多少钱财也等于没有。

三

"起屋"是农民人生的第二大任务。从儿子出生到长大成人的这二十多年里，家长一直在忙乎这件事，其他的一切事情都以它为中心展开。经济比较活跃、夫妇都很能持家的家庭，积攒起房子的费用可能不需二十多年，儿子出生后的数年就可以完成这项事业。水村的杨医师，在他的两个儿子只有几岁的时候，先后为他们都建起了房子。

在水村的话语里，"养崽"和"起屋"是经常连在一起的，一说就是"养崽起屋"。水村古话曰"谁养崽，谁起屋"，意思是谁养的儿子，谁就要为他建栋房子，这是做父母的责任。一个到老也没有为儿子建房子的父亲是不够格的，是没有面子的。如果一个家庭有几个儿子，那么这个家庭就可能为儿子建房子而折腾一辈子，还不一定能为每个儿子都能建上房子。一般的情况是，父母和儿子共同出资出力，"把屋起上来"。父母从儿子出生起就开始积攒建房费用，儿子长十六七岁外出打工，到二十几岁时有了一定的积蓄便可回乡起房子。

父母要为儿子积攒起房子的经费，就必然在生活方面有所拮据，生活不会讲究排场，能省则省，养成了简朴节约的生活习惯。因此，在水村一带，我们看不到荆门家庭饭桌上有五六个菜的情形，顶多是一菜一汤，再加上从老坛子里掏出来的"老菜"。一般人家的桌面上不会有新鲜的猪肉，在水村这样一个差不多有两千人的村落，一天竟然销售不了半头生猪。

水村30岁以上的男子，没有外出务工的，都会到邻近的矿区挖煤，一个月收入少的也有一两千块钱（多的则几千上万）。妇女在家种水稻和小菜。因而，水村人的收入并不很低，开支却也不大。但是，如果家庭中的男子有一两个月不去挖煤，就会叫喊着"冇得钱用了"，也就是说平时的油盐、人情花销没地方找了。原因何在呢？人们把主要的现金收入都积攒起来为日后儿子起房子了，家庭主要的开销需要重新寻找，而不会轻易动用那笔"起屋钱"。"起屋钱"只作起屋用。在前面几年地下"六合彩"横扫水村时，许多家庭毫无节制地将大把的钞票往外丢，但底线是不丢"起屋钱"。"起屋钱"占去了水村人的大部分收入，人们这样笑话自己："人家城里人干一辈子是为看病，我们辛苦'一世人生'是为建筑材料行业在搞。"人们为了儿子的房子要搭上"一世人生"，儿子又要为了自己后辈的房子忙一世人生，每个人似乎都不是在为自己忙，而是为后辈。

"起屋"是件很有面子的事情，但房屋连着的是儿子，而不是当下起房子的个人及家庭，于是，面子给了起房子的人，房屋则归起房子人的儿子。这个不对称的法则，也就使得面子与房子本身脱离了关系，面子不寄托在房子这个物体上，而在于"建"房子这件事情上，面子对应的是行动，而不是行动之后的结果。新房子住着的不是父母，而是儿子一家，但儿子不会因此获得面子，他得到的是房子本身。所以房子一旦与面子脱离关系，成为独立的实体后，就必须实用，要能够给住的人家带来方便。在"起屋"方面也会出现村民之间的竞争，但竞争的是起房子的能力，即能否建起房子以及建房子的先后，而不是房子本身，也就是说，建起来的房子可能都一个样式，没有多大差别。因此，在湘南宗族性村落，建房竞争仍然是务实而不务虚。

四

"养崽讨媳妇"也是不可分的。这里的媳妇是"崽媳妇"。养了崽不算完成了任务，还要为儿子娶上媳妇，父母才算大功告成。所以，讨媳妇不只是儿子个人的事情，更是父母的责任。

父母为儿子起好了房屋后，就开始谋划为他讨媳妇的事。这几年出去打工的人多了，男孩都从外地带女孩回来，不再需要父母操心。但在这之前，是需要托人"做介绍"的。经常给人家"做介绍"的媒人婆，不是专职，做媒的一般都是亲朋好友。亲戚朋友多的家庭，为家里儿子做媒的人也就多，儿子挑选的机会自然也多。但有一个坏处是挑花了眼就很容易挑过了时候，把自己给耽搁了。在当地，若男子过了28岁都没结婚，就可以断定他这辈子是打光棍的料了。

在水村，为儿子讨上老婆，为公婆讨上媳妇，不仅关系到个别家庭的兴衰荣辱，也是宗族房头、"屋里人"人丁兴旺的前提所在，有关各方的脸面。所以，即使用些不当却未完全出格的手段，也要把媳妇娶回来，脸面上才有光彩。连平素看来因为身体缺陷不可能讨上老婆的男子都讨上了，这是一个宗族或房头，或"屋里人"莫大的荣耀，说明该宗族（房头、屋里人）在当地一带有势力，能说得上话，声誉很好。

家庭之间在讨媳妇上的明暗竞争非常激烈。每个家庭都希望尽早为自己的儿子讨上一门好的亲，即找一个聪明、贤惠、漂亮又对公婆好的女孩子。一到儿子成人以后，家长就会托各方关系"做介绍"，在为自己的儿子努力时，也会关注其他家庭的动静。所以，经常会出现这种情况："做介绍"的人与A、B两家都有关系，且两家都有婚龄男子，如果介绍人把女孩介绍给A家的男子，B家的妇人就会从此埋怨、痛恨介绍人，甚至与A家的人发生口角，关系会闹得很不好。为了给儿子娶上老婆，做母亲的可以什么面子都不要，常常会为了某某亲朋给人家介绍没给自家介绍而大为光火，在湾里不顾颜面公然骂街。

那些顺利娶上媳妇的家庭很有口碑，而那些几个儿子都讨不到老婆的家庭，在村落里则没有地位。没成家的男子在村落里基本上都是猥琐不堪，说话没分量的人，谢绝参与村落里的任何事务，以免受到不必要的奚落。宗族里的族老和家族管事的也绝不会是些没有儿子或儿子是光棍的人,他们一般都有大群的子孙后代。而想有子孙后代,首先是要为儿子娶上媳妇,没有这个前提,一切都免谈。儿子迟迟娶不上,自己也渐渐地老了,更加没有为儿子娶媳妇的本事。这样的老人会给自己加上沉重的心理负担,整日生活在自责、郁闷、孤独的情绪里,把自己封闭在一个狭小的交往时空中,羞于与人交往,逐渐成为村落主流生活的被排斥者和自我排斥者。

五

村落面子及"面子竞争"的内容和形式,反映的是村落生活背后的价值问题。按照贺雪峰教授的界定,中国农民的核心价值可以分为本体性价值和社会性价值。

本体性价值关乎人生存的根本意义,是使人安身立命的价值,它最根本的体现为追求传宗接代,延续生命,使香火世代相传。社会性价值则指在人与人交往层面,受他人评价方面的价值,对它的追逐使得村落有了舆论的力量和"面子"的压力,以及是非评判的标准。因而,可以说湘南宗族性村落农民的核心价值观在本体性层面表现为以生儿子为中轴、使个体及家庭获得生命终极意义的追求,在社会性层面则是围绕"养崽,起屋,讨媳妇"的面子争夺。

农民要怎么"过日子"

北京大学哲学系吴飞教授是人类学者和自杀研究专家。他说中国老百姓要过日子，离不开"人""财产"与"礼仪"三个基本因素。只有具备了这三个基本的要素，才能构成一个家庭，也就是一个过日子的单位。"日子"过得不好，就可能引起自杀。

家庭首先是由亲缘关系的人组成的，它既是个生活单位，也是个经济单位。人是过日子的主体，没有人无所谓过日子。生活在同一个家庭中的人，需要以适当的规则来维系家庭的存在，即日常生活中的礼仪。出生、婚姻、丧葬的仪式，都是维护家庭存在和稳定的重要因素。中国人看重的主要节日，包括春节、清明节、中秋节，也以家庭生活为核心展开。但礼仪是较为有弹性的东西，外人很难评价。财产是过日子的一个重要方面，没有经济基础，就谈不上过日子，尤其谈不上过红火的日子。若收入相当，面对如何处理和安排家庭用度，礼仪和规则就开始发挥作用。即便是由一个人组成的家庭，仍然不能缺乏独立的财产。

于是，吴飞教授认定，评价人们日子过得好坏，最客观、最重要的标准，就是财产。

一

所谓财产最重要,讲的是经济条件决定家庭日子过得好不好,过不过得下去。如果日子过不下去,人就容易产生自杀的念头。

然而,我们的农村调研发现,财产不是家庭生活的决定性要素。人的因素才是最为关键的。不同的人会有不一样的家庭生活,家庭生活中的人决定了日子过得有没有劲,有没有奔头,是否红火。要是缺少了某些人的话,日子就可能中断,或者过得很不好,"过日子"就会成为"混日子",整个家庭对未来都没有追求,没有奔头。

我在湘南农村调查,某村有个家庭一个月内接连三个人去世。起先,女儿为情自杀,父母着实悲痛,但是很快就从悲痛中恢复了过来——因为尽管感情上放不下,但是家庭中其他的人还要过日子,儿子还要读书、要成长、要建房子、要娶媳妇,等等,做父母的尤其需要振作,怎能因为女儿的不懂事而荒废了这些呢。但是,当听到独子在医院逝世的消息后,该家庭的男主人甚至没有去医院看望儿子,径直回了家,在家悬梁自尽。母亲因儿子的死亡而昏厥过去,等医生将她抢救过来后,又得知丈夫已死,就连昏厥的力气都没有了。众人怕她重走丈夫那条路,就一连数月派人陪伴在她身边。最后她恢复过来,成了生活没劲的人。

家庭中,什么样的人不存在了,会影响过日子?女儿自杀,日子虽然受影响了,但是可以恢复过来,而儿子的死亡,却导致了父亲的自杀，使家庭的日子过不下去。所以，儿子是农村家庭生活中最重要的角色，缺少了他，家庭的日子就缺少奔头，缺少红火的理由。父母在儿子身上寄寓了太多的东西，包括生命意义、生活价值和基本情感等。

相对而言，对于家庭，丈夫与妻子任何一方（特别是妻子），往往都没有儿子重要。如果有儿子，就算丈夫死了，妻子会把儿子抚养成人，日子照样有奔头，至少预期中的未来可以过得红火。"老来伴"其实没有想象的重要，各地农村里的老年人，七老八十还与伴侣分居，甚至一辈子不说话。一个90多岁的老头背着锄头追着80多岁的老太太满庄子跑，这种现象不只皖北农村才有。之所以如此，是因为老人常常并没有在伴侣身上寄予过多的情感和价值期待，他们寄予的对象是儿孙。

二

礼仪即行为的规范轨迹。礼仪不仅仅是按照程序走的花架子，其背后就是价值，是人对人的寄托与期待。在家庭里，礼仪体现的是父母对儿子的价值寄托。

在家庭关系内部，如果儿子不按照礼仪来行为，父母就会气得要死。比如，子代若不按传统的生育规范，给父亲生个孙子，老人就觉得儿子不孝顺。在湖北大冶农村，不少老人自杀都是在端午节、中秋节当日或前后几天，只因儿子或媳妇没有在这些节庆里按照传统礼仪礼节来对待老人（如盛情招待，送包子馒头），老人感到受了很大的委屈，是其人生的莫大悲哀，甚至感觉丧失了整个人生价值，于是回家喝药自杀。

在这些老人自杀案例中，老人显然认为，平时儿子对自己怎么样，可以不管，因为儿子有儿子的事，顾不了这么多；但是过年过节，儿子却一点都不顾及自己，不按照礼节程序来走，这是对自己最大的不尊敬，老人自然来气。这说明，礼仪礼节不仅仅是形式而已，里头暗含着老人对儿子的诸多期待。

礼仪礼节旨在规范人与人之间的关系，其背后是价值期待。为什么要养儿子？为了顶门户，尊重"我"，养老送终，传宗接代，等等，这些都是"我"对儿子寄寓的期待。而"我"希望从儿子身上得到的回馈，就通过礼仪来表达。当儿子没有按照礼仪的行为轨迹行动时，父亲的心理就会受到极大的伤害，认为价值期待没有实现，整个价值系统都行将崩溃：我养儿子干什么，这样对我，儿子都不要我了，我还活着干什么。

所以，我发现，在20世纪八九十年代，老人依然秉持着过去的"老礼"，要求儿子对自己如何做才是得当的。当儿子没有按照礼节规范来办时，就会造成父辈感情上受到伤害，价值感失落。平时的礼节可以忽略，比如因为工作忙或者其他原因，很久没去看望父母，父母虽然觉得怪不是滋味的，但是也理解，能够说服自己，因为这是小礼节，不涉及大是大非。节庆的礼节是重要的，因为节庆时的礼节体现了儿子对父母的基本尊重，体现了最基本的长幼有序，更富含着父辈太多、太厚重的情感、价值。很多老人对我说，儿子孝不孝顺，就看节庆时儿子、媳妇拿了多少东西给自己。虽然老人都吃得少，但他看重的不是儿子送的东西，而是儿子的心意。只有这样，才能体现儿子对老人的孝心，老人才能安心，才觉得没有白养儿子，才觉得这一辈子累死累活是值得的，在人家面前也有面子。在这些重要礼节方面，若老人没有得到预期的、过去一向如此的待遇，就会产生价值幻灭的感觉，自己的内心过不了这道坎，在别人面前也没面子：别人在节日都吃好的，自己儿子、媳妇却什么都不表示。

这就是为什么在重要节庆，儿子打骂父母，或者说了重话，或者没有按老礼行事，有些老人会容易选择自杀的缘故。

三

调查还没发现仅因贫困直接导致老年人、妇女自杀的情况。在农村，经济问题从来就不是个根本问题。人们常说的，自己可以生活差一点，拮据一点，但再穷也不能穷孩子。可见，所有的一切其实就是围绕着孩子。有孩子，特别是儿子，人们一般不会因为生活的贫困而选择自杀。湘南的兰戈老人，50多岁才结婚得子，到70多岁的年龄，儿子初中毕业读上技校，他还要去外边找钱——给人看病，挖煤，一点也没有懈怠的意思。一般的老人到这个年龄都开始享儿孙福了，而他的生活却仍然很窘困，很劳累，但这并没有冲淡他对生活的憧憬，他依然信心满怀，从不埋怨什么。他之所以不服老，就是因为他的儿子。

相反，邻村家境富庶的书全，却过着做一天和尚撞一天钟的日子。他很富裕，儿子是"吃国家粮的"，每个月都有预期的生活费用寄回家，三个女儿都在外打工，也会寄钱给他。因此，相较一般村民，他是很悠闲很阔绰的。他50多岁，还身强体壮，完全可以干农活，但是他已经丢弃了农活，整天跟酒精打交道，一天几乎要喝一斤白酒才能松开酒瓶；整日到处闲逛，吊儿郎当；一出口就是些不着边际的话；不论辈分、调戏妇女，还养成了上寡妇家门的习惯；对自己老婆又骂又打，甚至把老婆赶到城里打工。不仅如此，他从2009年就不去给父母上坟了，认为人死就是一抔土，死了就是死了；家里一些要好的关系也被他弄得很糟糕，甚至跟自己的哥嫂也闹僵了。为什么书全会落入这样的颓废境地呢？

问题就出在儿子身上。书全只有一个儿子。这个独生子大学毕业后进了体制，在工作的地方娶了个老婆。2008年这个媳妇给书全生了个孙女。村里人都知道，他儿子是"吃国家粮的"，不管是男是女，只能生一个孩子。这样，他没有抱上孙子。作为传统一代的人，他认为自己已经绝代了——没有后了，做什么都没有意义，没有希望了，又何必去做呢。他现在的生活就形如行尸走肉，已没有精神上的寄托。如此，他才会"变坏"，做出一些匪夷所思的举动。

与他相反，书全的哥哥，比他整整大十岁，有两个儿子，都在读大学。他还有很大的动力去做事，因为他相信他的两个儿子不仅会有出息，而且肯定能帮他把"一房人"传下去。因此，夫妇俩在家，日子虽然过得紧巴巴的，却有使不完的劲。虽然两个儿子要毕业了，也用不着家里的钱，但他们还是拼命地做农活;在湾子里的社会交往也很好,对这个家门的评价都是积极的。为什么要这样做呢?因为他们要为两个儿子挣面子,父母在家做得很好,以后儿子回来才有面子,人家不会说他们父母在家怎么怎么样。这是一对有奔头、有希望的父母。

书全在自认为"断绝孙子"后,人就"废"了,前半辈子"做杨白劳",把儿子养大成人,后半辈子晚节不保,现在看来做得很不值,于是失去了为人、生活的动力。他埋怨自己的儿子,因而也就不需要给儿子在湾子里挣脸面。他甚至说,这个湾子他都不要了。

四

在农村,传宗接代是个礼仪的问题,即作为儿子的,必须给父亲、给祖宗传下血脉,才算对得住他们,才算礼仪到位,否则,就是在礼仪上有差池。年轻一代的传宗接代思想淡薄,但是老一辈对子辈的期待还是如此强烈。当儿子的行为与此期待相差甚远时,就会造成价值失落,父辈因此而感到生活的无意义感。

在解放前出生,经过集体时代和改革开放的一辈人,他们的儿子如今也逐渐成家立业,代际之间出现了一个成年儿子对父辈的礼仪问题。老一辈人尽管经历了集体时代,但是一整套旧的思想、传统观念还根深蒂固,长幼尊卑、父为子纲等伦常规则还很浓厚,对子代还有价值寄寓。但是,他们的子辈是在改革开放年代成长起来的,已经脱卸了传统的规矩。我们调查的结果显示,在集体时代后期,村里就有年轻人打赌敢不敢揍自己的父亲。1980年代后,这批人陆续结婚成家,敢于公然反抗父亲的权威。这样,两股都很强悍的力量碰撞在一起,自然是具有强烈价值寄托的父辈所遭受的心理、精神的创伤最重,因为他属于被挑战者。而作为挑战者的儿子即使没有挑战成功,也不会有太多的气出不来。所以容易决绝地自杀的是被挑战者。

随着社会越来越开化,旧的思想越来越受到打击,越来越遭到封建性的批判,进而成为农村的政治不正确,父辈的期待就少了。特别是1990年代中后期以降,集体时代成长的一代人成了已婚儿子的父亲,他们在仪式上对子代的期待就更少了,在养儿防老、长幼尊卑方面的期待,以及对儿子在物质、精神上的回报的期待也逐渐减弱。老人面对残酷的现实,通过自我调整以适应社会。即使儿子在重大的节庆期间不去看望老人,老人也自认栽了,这是在南方村落出现的趋势。就算儿子对自己恶语相向,甚至拳脚交加,老人也认命,这是河南等中原农村的变化。当儿子不养老,甚至将老人从家里驱逐出去,老人也只能自认倒霉,而不会像以前那样"一口气出不来"就决绝自杀,这可能是一些地区的现实。当价值寄寓减少,期待弱化以后,老人决绝自杀的现象就减少了。

老人自杀现象减少,并不意味着老人对子辈没有了期待,只是将期待降低罢了。比如对子辈传宗接代的期待,在很多农村地区依然是很浓厚的。但当老人没有能力规劝儿子、媳妇后,也只能认命,苟且活着,而不是自杀。对诸如礼仪的期待，则在大部分地区都没有了。所以当儿子在礼仪上没有做到位，老人也不再表现出激烈的情绪——"你要骂就骂，要打就打，一把老骨头了，还能有什么反抗"，"你骂，给你端水，端凳子"。

更大的发展是，传宗接代的价值期待没有了，养儿防老的期待也在消失，人们看到太多不孝顺的事例后，开始反省自己的生育行为。老人当下的际遇，给后一辈父母，现在四五十岁，还有劳动能力的人提了个醒：不能光为了儿子，还要考虑自己的后路。后路就是存钱养老、买养老保险等。而更年轻的一代，则认为养儿子也不能保障养老，还不如不养，生一个，不管是男是女，都不再要了，自己落个清闲。所以，生育观念就彻底转变了，代际之间的权利义务关系基本平衡。

五

总结起来，一个家庭中，当"过日子"有价值支撑的时候，"人"是最重要的，特别是儿子。没有他，日子就过得索然寡味。礼仪作为重要的行为规范，涉及子代与父母之间的关系，背后蕴涵的是父代对子代的价值寄寓。当儿子在礼仪上有所偏颇的时候，就会造成老人价值的失落和意义的崩溃，老人的日子不好过，或过不下去。当老人对礼仪礼节看重程度降低之后，对儿子的价值寄托就减弱了，儿子在这方面失误也就不再造成老人的价值失落问题，自杀减少。当传宗接代、养儿防老等对儿子的期待都被看空之后，儿子在家庭中也就失去了以前的重要性,夫妻关系越来越重要。"财产"是过日子的重要基础,但并不是评价日子过得好、红火与否的唯一因素,只有在"人"和"礼仪"等前提条件存在的情况下,其作用才会凸显出来。

农民怎样使日子过下去？

一

在湖北英山，过日子本身就是一种伦理。只要能够使家庭的日子过得下去，一些生活策略也被赋予伦理内涵。

英山地处大别山，山地贫瘠，物产不丰富，一些人的生活一直在生存线上挣扎。年轻姑娘往外地嫁，本地男子娶媳妇难，于是有些人就用近亲结婚来解决婚姻问题，即"老亲开新亲""娃娃亲"，姑表姨表开亲的现象十分普遍。因此，这里一个湾子内的亲属关系十分复杂，几乎每户之间都有亲戚关系。这样的关系建构，事实上是一种生活的支持系统，使各家都能够在贫乏的物质条件中生存下去，人口得到繁衍。

二

通过"老亲开新亲"的婚配机制，英山农村在历史上一般能够解决婚姻问题，只有少数人成为光棍。但是，中华人民共和国成立之后，这种婚配机制被否定，农村女性地位和自我意识有所提高，加上改革开放初期人口开始流动，父母管不住自己的女儿，大量的年轻女孩都往邻近的安徽跑（那边最早"分田到户"，经济条件要好于英山）。于是，传统婚配机制解体，当地出现了大量光棍。我们2008年初调查时，光棍的比例不低，大多五六十岁了。他们比一般家庭还要贫困，要么单过，要么与结了婚的兄弟一起过。

我们调查的英山过村七组有位徐大妈，调查时55岁，出嫁过六次。徐大妈在1975年第一次结婚，丈夫是个退伍军人，两人在一起生活了五年。离婚的原因是她生儿子时动了手术，身体一直不好。为了治病，家人四处寻医算命。找的几个算命先生都说，如果徐大妈不和丈夫离婚就保不了命。在家人的劝说下，徐大妈与丈夫离了婚。离婚后，徐大妈领着儿子改嫁给了本村的一个赤脚医生。共同生活三年后双方自愿离婚。"没有任何争吵"，徐大妈说。离婚的主要原因是赤脚医生是长子，下面有八个弟妹，作为兄嫂的她要帮婆婆料理诸多家务，还要操办弟妹的婚事，负担一大家子的人情。徐大妈觉得日子过得太紧，没办法料理这么多弟妹的婚事，便向医生提出了离婚。

与医生离婚后不久，经队长介绍，徐大妈跟同一生产队的一个光棍结婚。可婚后不久，光棍身体不好，总是犯病，生活过得更艰难，两年后离婚。随后，又先后与本村尹姓光棍和杜姓光棍组成过家庭，都因对方不会做事，没有能力，日子过不下去而离婚。徐大妈现在的丈夫也是过村人，之前也是个老光棍，比徐大妈小几岁。虽然在过村甚至同一小组内嫁来嫁去，但没人说徐大妈做人不行，她甚至与前五任丈夫的家庭，特别是医生家庭的关系处得很好，都有人情上的往来。

除与第一任丈夫生有一个儿子外，徐大妈与其后来的丈夫都未生育，因为按照当地的计生政策，只要妇女的生育数达到准生要求，便不能再生。因此，"娶嫂"（当地对光棍取改嫁妇女的称呼）的光棍一般不会有自己的亲生子女。但是，光棍并不介意自己没有亲生子女，也不太在乎对方"拖儿带女"，他们甚至对愿意嫁给自己的妇女心存感激。

三

离婚后改嫁，还与原来的家庭保持良好关系，有人情往来，相互支撑对方的生活，这种现象在当地并不被认为是离婚或改嫁。我们在访谈中问及有没有离婚的案例时，绝大多数村民的第一反应是"没有"。当访谈者暗示"娶嫂"的也属于离婚时，受访人仍不认可调查者的意见，坚定地说"那是人家为了过日子"。在当地人的逻辑里，似乎没有传统的"从一而终"的思想，只有"过日子"的信念。当一个家庭的日子难以过下去的时候，妇女就会选择与丈夫离婚，然后改嫁到附近，乃至本村民组，成立一个新家庭，两个家庭共同努力使双方的日子都能过下去。大量光棍的存在，为妇女改嫁提供了可能性，能够"娶嫂"的光棍，一般都比妇女要年轻，也就能够干农活支持家庭。光棍也乐意如此，因为至少他成家了，有了自己的老婆。

在访谈时，改嫁的妇女说得最多的话是"不是谈得来，还是谈不来；关键是过得来，还是过不来"。光棍则说，"两个人过总比一个人过好"。因此,妇女改嫁和光棍娶嫂所遵循的是一种"过日子"的逻辑。在这里,妇女改嫁不是为了追求爱情,或更美好的生活,光棍娶嫂也不是为了生儿育女和传宗接代。双方都是基于基本的生存伦理,以使日子能维持下去。因为要在贫困中将日子过下去,这种婚配方式在当地得到了普遍认可。对妇女,对光棍,对新旧家庭继续保持良好关系,人们皆持认可的态度。

在英山当地调查时,我们遇到过一些"不正当"的男女关系。奇怪的是,村民叙述与评价这些"男女关系"时,在言语和态度上都没有强烈的道德评价,而是给予理解。对于这些"男女关系",村民不约而同地"不去说破",只是笑笑而已。这样靠光棍起家、养家的"男女关系",不仅不影响家庭过日子,反而能使原家庭紧巴巴的日子过得下去,故而不会纳入道德的批判范畴。事实上,在当地,假若男子出轨,到外边去花心、找小姐,但是还顾家,人们就不会去说他。而如果此时,家里的妇女不知道"关大门",即将丈夫的事情捅出去,闹到家庭之外,备受指责的往往是妇女。原因就在于男子虽然有越轨行为,却依然顾家,家庭的日子还是能够过得下去的,而女子不知道"关大门"的行为极可能造成离婚,使家庭的日子过不下去。当然,如果男子因为另有心属,自己提出离婚,而女子却能识大体,能"关大门",男子就会受到指摘。

当谈到被村民视为"离婚"的两个案例时,村里人说这两个男的纯粹是为了"好玩","不顾家",说这是"作风问题",是"伤风败俗"。村里一个在外面做"不正经"行业的媳妇,一个在大城市"开发廊店"的混混,被称为"开窑子的"。对于这些人,村民用"男盗女娼,不劳而获"加以评价,言语十分鄙视。在村里人看来,无论男女,其行为只要危及家庭的"日子",使日子过不下去,就是不道德的。

四

"过日子"本身作为一种伦理,说明伦理不仅要面对生活,还是从生活中生长出来的。"过日子"的伦理与儒家伦理显然有很大的差距。但是,假若将儒家伦理死搬硬套在英山农村,这里人的"日子"肯定没有一家能够过得下去,光棍过不下去,夫妻带着孩子也过不下去。这也说明,儒家伦理一旦要面对具体的生活,在有些地方,有些时候就会非常脆弱,不得不为生活开道口子。英山人过的日子尚在生存层面,其伦理理应与之相匹配。儒家伦理必须建筑在一定的经济条件之上,在这里当然无法有立足之地。

四　农村妇女怎样生活？

婆媳关系几回合

婆媳关系是家庭结构的纵轴，是家庭关系的晴雨表。从京山农村调查来看，婆媳关系至少经历了五个理想"回合"，每个"回合"，婆婆与媳妇的关系、角色，以及在家庭结构中的位置都有较大差异。总体的趋势是媳妇在家庭中的地位逐步提高，角色越来越重要，最终取得家庭的掌控权；婆婆从最初的对媳妇颐指气使，到如今的百般讨好，婆媳矛盾回落。这里将婆媳关系的主体，限定为不同时期五六十岁的婆婆与二三十岁的媳妇。

一

在京山农村，就婆媳关系而言，"解放"和"土改"是很重要的时间分界线，前后两个时期的婆媳关系有着质的区别。解放前的农村家庭，无论富贵贫穷，婆婆较媳妇而言都是"尊贵"的，媳妇乃下等人，低人一等。"接个媳妇不能对她好是真的"，这个尊卑长幼之分的秩序，得到了家族和村落的支持。媳妇在婆婆面前永远是"小媳妇"，受婆婆的使唤。年纪大的受访者称，那个时候几乎没有对媳妇好的婆婆，媳妇每天一大早第一个起来，要收拾好家务，到厨房烧茶做饭，然后端茶到婆婆房间里给老人家"请安"。"请安"极具象征性，是婆婆地位和权威的体现。九房村流传这样一个"请安"的故事，从中可以窥探历史上的婆媳秩序：

> 解放前夕九房村两大富户联姻，女方的嫁妆有一千多床棉被，自以为阔气。而男方说，你这一千多床棉被还不够我每个客人盖。接回媳妇，婆婆就要考验媳妇的才能，头天晚上婆婆将厨房里的柴火全部挪开，不留一根，看媳妇次日清晨如何烧茶。媳妇次日一大早起来，看见厨房不见一根柴火甚是着急，然急中生智，将陪嫁过来的衣服撕碎，与同为嫁妆的油搅拌在一起，生了火。婆婆对此十分满意。

平常的家庭琐事皆由媳妇负责完成，婆婆即便闲着也不会搭帮手，而是摇着扇子监督媳妇干活，稍微干不好就要大吼大叫。那时只有媳妇受气的份。媳妇尽管受气，但也不敢生气，更不敢顶婆婆的嘴，婆婆说什么就是什么，媳妇只能将气憋着。70多岁的屈老师这么形容当时的婆媳关系："解放前，封建礼节，婆婆是婆婆，媳妇是媳妇，太阳是圆的，婆婆说是扁的，媳妇就得说太阳是扁的。"

有这么一个故事：

> 媳妇在家扫地，姿势不正确，把屁股翘得老高，婆婆

看不惯，遂指责媳妇说，"你的屁股翘到半空中去了"。媳妇不敢争辩。某日，一群妇女在谈论天空有多高，媳妇接过话说，"天空有两个屁股高"，众人不解，媳妇说，一个屁股半空中，两个屁股一天空。

可见婆婆对媳妇有说一不二的权威。媳妇受了婆婆的气不能当面发泄出来，只能在背地里发发牢骚，婆婆背地里也经常数落媳妇的不是，所以就有了"媳妇背里背个锣，背着说婆婆；婆婆背里背个鼓，背着说媳妇"一说。媳妇之所以能够憋气，一是不敢发气，二是还有个盼头，若干年之后，自己的婆婆死了，年轻的儿媳娶回来了，自己熬到头了，就可以用婆婆规训自己的那一套来规训自己的媳妇。家庭秩序就是这样一代一代地传递和再生产。

二

由于江汉平原多水患，村庄更替比较快，社区记忆相对薄弱，各种传统的社会结构和传统观念也不坚固。因此当经历革命和现代国家建构时，脆弱的传统就很容易受到冲击，往往不堪一击。京山的婆媳关系就是如此，当新政权一进来，就立马发生改变。"土改"至1965年左右为婆媳关系的一个新阶段，这一段时间婆婆被国家定义为"恶婆婆"，是要被打倒的对象。此时，媳妇敢于顶嘴，但仍不占上风。

京山农村解放比较早，"土改"时间也较早。"土改"

后，京山农村社会发生了翻天覆地的巨变。"土改"的第一要务是争取革命群众，打倒反动派。婆婆是当时要打倒的旧式权威的象征之一，一开始就是被批斗的对象。当时的口号是要将妇女从夫权、父权和旧式婆婆的压迫中解放出来，明确提出反对旧式婆婆的架子，对一些典型的"恶婆婆"要拿出来批斗，直到她们交出家庭的权力，向媳妇低头认罪为止。

另一方面，农会还开展媳妇学习班，教导她们要有反抗旧式婆婆的革命精神，让她们诉苦，控告婆婆的累累罪行，要敢于同压迫自己的婆婆做斗争。媳妇学习班取得了很好的效果，果然有不少的妇女开始理直气壮地顶撞婆婆，并将恶婆婆报告到农会予以批斗。在强大政权的压力下，婆婆也感受到了威胁。这时的婆婆如果明目张胆地摆旧式的架子，就会被新政权捉住把柄，闹不好还会被批斗。所以，婆婆尽管对媳妇的"顶撞"很不习惯，很受气，也已不能像解放前那样任意摆布媳妇了。

然而婆婆的气还是能够出的，毕竟媳妇还生活在家庭里。在这个空间，男子的权威虽然也受到了冲击，但没有彻底动摇。因此，如果男子站在自己的母亲一边，媳妇就无法在家庭里获得足够支持，其权力就无法超越婆婆。更何况，整个村庄舆论也没有完全扭转过来，人们慢慢接受媳妇的"顶撞"，但还不习惯接受媳妇的飞扬跋扈，多数还是站在婆婆的立场。1959年结婚的屈老师这样描述当时自己家里的婆媳关系：

> 我们结过婚半年，她（媳妇）就开始跟婆婆吵，两

个人经常斗嘴，我两边都劝，要老的忍耐，年轻的也要忍耐，只有忍耐才能避免矛盾。那时候儿子还是帮母亲的多。我结婚那时还是婆婆赢。总不是婆婆赢？媳妇顶几句，自己就强迫自己认输，社会习惯这样。社会上还是说媳妇的"拐"，做好媳妇有自尊心。强迫自己输了算了，太顶狠了，人家和婆婆都会说"把个媳妇，太狠了"，要维护婆婆自己的尊严。那时，媳妇还是难得做，还没有转变过来。

然而，社会的整个形势发展是不利于婆婆的。随着媳妇参与村庄活动、政治生活、国家建设增多，其作为村庄的一个壮劳力越来越显现其力量和权力，在社会上开始能顶半边天。在村庄里，壮年妇女与男子一样参加生产和政治活动，而老年妇女是被排斥的。所以年轻媳妇不断地被国家和村庄塑造，其形象逐渐拔高，慢慢脱离家庭事务束缚。年轻妇女在家庭里说话越来越有底气，也有勇气参与家庭决策。

与此同时，婆婆的角色则开始萎缩。婆婆发现媳妇越来越难以管教，自己在家庭里说话慢慢地不起作用，自己的儿子似乎对这个外来女人开始容忍，有时甚至言听计从。婆婆感到很不舒服，希望维持之前的状态，对媳妇的言行越来越不耐烦，越来越反感，加大了对媳妇的攻势和管教。媳妇面对婆婆的架子，也愈发难以容忍，觉得自己在与婆婆的关系中的地位与自己新的身份不相符合，所以反抗的欲望也愈发激烈。婆媳矛盾不可避免地白热化。这种状况出现在1960年代中期。

四 农村妇女怎样生活？

三

　　1960年代中期,是京山农村婆媳关系最恶劣的时期。这段时间,婆婆和媳妇的力量对比相当,双方陷入僵持,展开了拉锯战。根据当时的大队干部讲,这一时期的家庭纠纷特别多,大队干部几乎刚解决一家的矛盾,就要上另一家去解决同样的问题。整天除了忙生产,还要处理这些事情,主要是婆媳"讲口"(争吵)。

　　为了应对如此剧烈的矛盾以及由此导致的社会紧张,国家开始在京山同时开设了媳妇学习班和婆婆学习班:以50岁为分界线,小于50岁的列进媳妇学习班,大于50岁的归入婆婆学习班,已婚妇女全员参与。这两类学习班整整持续了四年时间,授课内容主要是教育妇女如何做媳妇和如何做婆婆,既学习党的方针政策、法律法规,还学习好人好事,评选"五好社员"(爱公社、爱集体、爱家庭、爱劳动和助人为乐),让获奖者现场讲授,情真意切。婆婆学习班教老人"树新风,改恶习",媳妇学习班则教媳妇如何做好媳妇,如何孝敬老人,要学会忍耐,处理好婆媳关系。

　　学习班在很大程度上缓解了当时婆媳之间的紧张关系。它让婆婆逐渐放弃对原有权力的追求和维护,婆婆学习班的学习内容首先是社会主义新时期的思想,也就是要求婆婆站在一个平等的地位上与媳妇对话,和谐共处。学习班让很多婆婆乖乖地放弃了"臭架子",摆出一副礼让媳妇的高姿态,实为承认自己衰弱的角色和地位。国家在这里扮演了安定人心的角色。

尽管学习班让媳妇收敛性格，但媳妇在家庭中的实际地位却获得了很大的提高，从此超过了婆婆，在婆媳关系首次占上风。

1960年代中期至1980年代中期，在家庭权力结构中，媳妇开始处在上风，婆婆开始强迫自己听从媳妇的安排。这是一个漫长的过程，最终婆婆对自己的角色和地位认命，媳妇取得家庭权力争夺战中的胜利。

这一时期，婆婆并没有完全认命。在媳妇权力和地位增长的过程中，婆婆开始了反抗，即婆婆不满社会对其角色和地位的安排，试图扭转乾坤。婆媳关系仍然紧张。媳妇处在上风，常找婆婆的茬，若婆婆不能忍受，便会开始反抗。正如屈老师所描述的那样：

> 到"文革"以后，就开始转变了，倒过来了，媳妇成了婆婆，婆婆成了媳妇，只有婆婆强迫自己认输，"一把手"转弯。这时媳妇就被婆婆们叫成"媳虎"了。

媳妇要婆婆带孙子，但公婆也要在生产队里做工，婆婆带孩子的机会因此减少，媳妇就会埋怨。婆婆肯定难为情，"我只能做一件事情，我也劳动，我也要搞事，不可能把孩子背到背上做事"。如此，婆媳矛盾就不可避免。使情况更复杂的是，一般家庭有数个儿子，每个儿子都有小孩，帮一个儿子带了孙子却没有帮其他的带，就会发生争吵："我的是姑娘，他的是儿。给吃的，给我的少些，他的多些。"有的婆婆确实重男轻女，一个粑粑掰成两半，一大一小，大的给孙子，小的给了孙女。每每碰到这种事情，婆婆也难以还口，只能认输。老人的儿子越多，越难以周全，受气的机会也就越多。

这样一种媳妇强势、婆婆受委屈的局面，一直持续到1980年代前期。但是并不是所有的媳妇都占上风，仍有不少厉害的婆婆出现，她们是20世纪五六十年代国家培养的厉害媳妇，等到她们当婆婆掌权的时候，正值中年，还身强体壮，当然不会甘心屈服于二三十岁的媳妇，架子比传统婆婆的还大。但此时的年轻媳妇更加桀骜不驯，所以形成双强对垒的局面。这种局面造成的后果有两种，一是这些婆婆最终屈服于整个社会的趋势，接受媳妇对家庭的统治，学会在新时期做新式婆婆，即"学会做老人"。二是婆婆不愿意服输，斗争到底，并给媳妇带来巨大的心理压力：一面是自己的权力似乎增长到了很高的位置，另一面则仍要受制于婆婆，从而无法实现自己的统治目的，构成张力。这样，在1980年代初期，集体解散，国家不再管家庭内部事务后，有些媳妇走向了绝境，喝药自杀。

农村年轻妇女自杀在1980年代初期较为普遍。九房村的九例妇女自杀中，除两例是因夫妻矛盾导致的，其余七例皆出于婆媳关系。京山地区的奇特之处，是妇女在其地位接近最高时出现了一个小小的自杀潮，这源于两代强势妇女的社会个性。

四

1980年代中期到2000年左右，是京山农村婆媳关系的又一显著阶段。这一时期的主要特点是婆媳关系趋于平静，婆婆接受现有秩序安排，媳妇也多数时候不理不骂，双方吵架次数减少。但是，儿子、媳妇开始不养老，并将老人赶入绝境，因绝望自杀的老年人增多。

访谈中，农民这样形容这一阶段的婆媳关系：

> 社会逐渐转化，人的素质提高了，不再斤斤计较了，就少讲口（吵架）。可讲的也不讲了，非讲不可的才讲。以前讲谁狠一些，现在能忍的就忍。一讲（口），都没有什么好处，讲口不是什么光彩的事。社会思想素质提高了些，以前讲口讲狠、逞能，无所谓，现在不光彩了。

讲口之所以不光彩，是因为改革开放后，社会分化加剧，农民都卷入了村庄的社会性竞争，人们不再逞口舌之快，而是要将主要的精力放在创造和积累财富上面。因此那些只知争吵的人，就会落后，赶不上形势，被人家瞧不起。

这一时期，家庭核心化是主要趋势。农村分家越来越明晰，越来越全面，不仅要全分老人的家产，而且将老人本人也分了。兄弟一旦分家，就将权利义务也割裂了。最早分家的占了家庭的便宜，家庭有能力为其建房子，结婚分家之后也不需负担其他兄弟成家的费用。从这一时期开始，最小的儿子结婚后跟老人住一两年左右时间便分家，到1990年代中期以后几乎一结婚就分家。独子分家十分普遍。所以，老人无论多大年纪，都是单过。

单过，即儿子有儿子的家庭，老人自己一个家庭，各种各的地，各吃各的饭。如此，婆婆与媳妇就很难搭上腔了，争吵机会就少了。有少量争吵也是因为婆婆给儿子们带孩子的不"公正"引发的。有时是帮儿子家做事不公平，给这个儿子做得多些，给那个少些。还有的媳妇、儿子埋怨老人对家产分配不公。

到了1990年代，媳妇越来越"厉害"，基本上一进门就敢跟公婆吵。没有分家，小夫妻俩赚的钱也只装进自己的腰包，家庭开支一毛不拔，完全"啃老"。媳妇有什么事要办、有什么东西要买，就向公公要钱，公公成了银行。如果给的少，或者没给，媳妇就要吵闹。为此，公婆自己也开始打算分家，分家自由，自己赚的自己吃，想吃什么弄什么，不受儿女的气。

> 六十多岁的张大叔，其独子结婚后即跟媳妇打工去了，孙子在自己身边七八年，生活费、学费、医疗费，儿子没有给过一分钱。前年儿子积累三万块钱回家做房子，还差一万多，老人将自己一辈子的积蓄都拿了出来，供儿子建房。一家人在新房里住了两年，其间家庭的一切开支都由老人出，媳妇隔三差五还向老人要钱。将老人"榨干"之后，媳妇就开始吵闹，专门找公婆的茬。老人觉得这样实在维系不下去，就跟儿子分了家，老两口搬到离新房一两里路外的土砖房里去了。分家之后，就没有了媳妇要钱的骚扰——"不是一家，不好意思要"。张大叔现在种三四亩口粮，再到河里打黄鳝卖，除了基本生活开支

外,一年尚能节余几百上千。老人说要将钱存起来,以备防老。

家庭的核心化到1990年代已经彻底完成,其表现是核心家庭为了小团体利益、为了小团体在社会性竞争中不至于失败,宁可牺牲老人。老人的地位此时一落千丈,被彻底甩出村庄社会。许多七八十岁的老人要下地干活才有饭吃。儿子在老人能动的时候是坚决不给粮不给钱的。动不得的老人则由儿子赡养。有扯皮的兄弟就根本不赡养,都指望其他兄弟完全赡养老人。老人不能自己动手做饭后,就由儿子送饭,即使在一个屋子住,老人也不上桌。

  一家老太太接了媳妇,又接了孙媳妇。老太太八九十岁了,跟儿子住在新屋。老太太住新屋的后屋。病了、瘫痪了,孙媳妇来了一年多,还不知道有这么个老太太,因为老太太从来没有上桌吃过饭,每天都是由儿子或媳妇端着剩饭剩菜到柴房里,倒在老太太的碗里,就不管了。别人家吃剩的最后给猫子、狗子吃,她家吃剩的就给老人吃。一日老太太的儿子、媳妇都走人家去了,孙媳妇在家烧火,去柴房捡柴,听有人在里头哼哼,吓了一跳。老太太说,我是你奶奶嘞。孙媳妇一看那个碗,已经几年没有洗过了,长满了霉。孙媳妇人好,把碗拿走,又将自己结婚时的新碗拿来给奶奶吃饭。儿子、媳妇回来一看,碗没有了,问孙媳妇怎么把碗拿走了。孙媳妇说,我得把它存起来，以后给你们吃饭用。听后，这对儿子、媳妇才把老太太接出来，上桌了。

老人得不到儿子们的赡养，也没有任何社会救济，在1990年代有许多老人因此绝望地自杀。九房村老人绝望型自杀共9例，皆因子女没有给予基本的生活保障，或者被打骂。另有三例老人自杀也与子女不孝顺有关系。

老人内心其实是期待下一辈能够对自己多付出一些，能给吃给喝，更希望不定时来看望一下自己。一位86岁的老太太埋怨说："哪个叫你吃一下，哪个叫你喝一下，哪个去瞧你一下？"但是在年轻人那里，老人单过，自己种田自己吃已经成了美德，用来解释该地区老人的勤劳。九房村会计向我们这样炫耀："老人搞些轻松的劳动，自己劳动自己吃，很少让儿子、姑娘养。他们种田，叫别人帮忙，不增加儿子、媳妇的负担。老年人都不要儿子给粮食，基本上都有点口粮田，动不了了，叫人来帮忙一下，不要儿子出钱。我们这还有90岁的种口粮田呢！"

五

2000年以后，形成了新型婆媳关系：婆婆为媳妇着想，媳妇也对婆婆有好感，相互体谅。在20世纪八九十年代结婚成家的子辈，进入新世纪至今陆续做了公婆，他们吸取了父辈的教训、总结自己的经验，在情感上极力"讨好"子辈，特别表现为婆婆竞相讨好媳妇。他们这一代人的优势，一是在年轻的时候有一定的积蓄，不仅能为子女娶上媳妇，而且还鼎力支助儿子谋划发展，建房或买房（在村里或县城、镇上），做公婆之后仍能为子女效劳；二是这一代人生育很少，一般一个儿子，因此不存在偏心与否，也不存在照顾不过来的现象，所做的一切都是为了独子。所以他们"讨好"子辈既有经济基础，又不至于顾此失彼，也就很容易讨得儿子、媳妇的欢心。情感往往是相互的，子辈亦能在情感上对父辈有所回应，我们看到现在20多岁的媳妇与婆婆的关系确如母女，亲密无间。

> 九房五组最近接的几个媳妇，都怀孕了，婆婆比着招待媳妇，媳妇待在屋里打牌，婆婆在房里烧火（做饭），搞好的给她们吃。比着招待媳妇，婆婆之间在一起就会比。你今天杀个鸡，我明天宰头猪，你对媳妇好，我比你还好，看谁更好，都攀比。你搞得起来，我们搞不起？越有越好，现在生怕人家说穷，现在比着有，你有我比你还富态。以前要媳妇搞来，现在不让媳妇干活，把媳妇当祖宗一样供着。婆婆对媳妇好，媳妇会对婆婆不好？人都是有感情的。婆媳蛮亲热的，想说啥就说啥。现在都婆婆说媳妇的好，媳妇说婆婆的好，都是自己亲生的一样，比亲生女儿还亲一些。现在婆婆还敢骂媳妇？没有一个骂媳妇的，现在都是"媳虎"了，老虎的虎，不敢骂。

虽然现在的婆婆和老人认为，"以前当媳妇好难，现在当婆婆好难",但事实上,"婆婆对媳妇那么好,媳妇对婆婆反正比以前好,有感情"。当然,也有的媳妇认为,"我来了(你们家),就要对我好",不领婆婆的那分情,这是媳妇不会做媳妇的表现。同时如果婆婆也不会做婆婆,彼此都认为对方不好,矛盾就闹起来了。

在公婆对子女有感情寄托、希望讨好他们的情况下,年轻夫妻就很轻松了。

> "现在的媳妇,生了小孩,(小孩)都不与自己睡,与婆婆睡,要喂奶时,就抱着喂一口。年轻婆子耐得何(吃得消),身体好,现在不要媳妇做。儿子与媳妇在一起,都不搞事,年轻人打工去,孩子给公公婆婆引(带)。"

这一代婆婆都愿意吃亏,认为都是自己的儿子、媳妇,吃亏高兴。儿子接媳妇,自己吃亏,儿子舒服,心疼的是儿子、媳妇。上一代都这样,穿差一点,吃差一点,吃苦受累,也要让儿子、媳妇吃好,穿好,做父母的乐意。

父母在解释为什么要讨好子女时,一个重要的原因是:"生少了,这个疼,那个爱,父母都愿意给他们搞事。原先吃亏,给大的搞完事,还要给小的帮忙,疼不过来。现在只要一个,舒服些,不重男轻女,只有一个。"

因为只有一个儿子,且儿子、媳妇在生完小孩八九个月之后就出去打工了,回来长住的时间较少,小孩由公婆带着,父母又极力"讨好"儿子、媳妇,所以也就无所谓分不分家。这或许是一种新型的家庭结构,代际关系也呈现出新的模式,婆媳关系也因婆婆的"讨好"而有了感情连接,相处得很融洽。

从婆媳关系变迁的历史脉络当中,我们看到在这对关系乃至整个家庭结构中,价值因素在逐渐退却,情感因素慢慢填补进来,并最终取代价值成为家庭的黏结剂。

农村妇女要怎样活着？

我在南方农村调查时，听到当地人对没有男嗣后裔的农民的评价，说"他们这辈子就废了"。无论一个人再有能耐，只要没有儿子或孙子，人们对待其无非是两种交叠的心态：一边同情他，一边看不起他。在人们心里，此人就是个"废人"。农民要体验人生的意义，在村落里实现生命存在的价值，就得确保有延绵的男嗣后裔，否则就成了"废人"。"废人"就是一辈子活得没有奔头，没有意义，难以在村落里安身立命的人。

一

60多岁的寡妇秀娘有一个信念，就是累死累活也要将独子养大成人，给他讨上老婆。她对家族近亲、娘家亲戚没有别的索求，就希望能给她家儿子介绍一门亲。但是她也知道，她家太穷了，自己又这副邋遢样儿，哪家姑娘会愿意来她家受苦取辱呢。眼看着独子已经二十二三岁，讨老婆的事连影都没有，做老娘的就越发揪心，湾上的许多妇女都给她家牵线搭桥，但无一成功。且打工浪潮席卷当地之后，本地女孩几乎都跑光了，而她的儿子却死活也不出去打工，婚姻之事就一直这样悬着。

2007年秀娘被查出重病晚期，本来平常还精气神十足，总有股不给儿子讨上亲誓不罢休的劲儿，但自从得知自己来日不多，秀娘整个人立马崩溃得不像样。她对来看望她的家门和亲戚说："本来活了六十多年，也活够了，就是屋里一个老娘没送上山，一个崽没接亲，死了都不得眯眼睛！"说得甚是悲凉，令听者无不动情落泪。她死的时候，我的受访人马医生刚好在场，她问马医生自己还能活多少时间，马医生如实告诉她最多还有几天的工夫，她便再次说了上述一番话。说话时她儿子正喂她吃饭，可能是她听马医生讲后心事加重，加上本来就身体虚弱，一口饭没咽下去，卡在嗓子眼，顿时眼睛一瞪，断了气。

"死了都不得眯眼睛"，就是死不瞑目的意思，表明说话者有重大的心事没完成，因而对死亡充满忌讳与恐惧。秀娘之所以死有不甘，不是因为自己才60多岁远没有活够，主要是她上有80多岁的婆婆还健在，下有二十好几的儿子没有成家。人生的两大任务——生养死葬和收亲完配，她无一完成，哪能平静地去死，哪有脸去见死去的丈夫和列祖列宗。对身后世界有着想象的她，如何眯得上眼睛。

像秀娘这样没有完成人生任务就故去的妇女，是没有实现立命的人。所谓立命，是指农民完成了文化上规定的人生最重要的任务后，能够在村落生活与社会交往中，自觉体验到人生的意义与生命的价值，即到老年之后觉得活了一辈子，死也值得的一种人生体验。具体到老年妇女身上，她们在生完儿子、实现安身之后，就会把精力放在打造立命的基础上，主要也就是协助丈夫给公婆养老送终，为儿子建房娶妻。

养老送终主要有两大准备。一是为老人置办棺材，一般在老人六七十岁的时候就得办妥，而且多半是由男性老人亲自督办；二是为老人准备一场体面的丧葬，在老人去世前就要着手积攒钱物。这个任务一般较为容易完成。

难办的是给儿子收亲完配，这是人生任务的重中之重。俗话说"养崽讨媳妇"，生下了儿子，父母就有义务和责任为他讨回一门亲，老年人操的心也主要在这里。建房子是讨媳妇的配套措施，有房子就更容易讨到媳妇。讨媳妇的首要目的是生孙子，为夫姓家族传宗接代。当讨上媳妇、抱上孙子之后，无论是老年妇女，还是老年男子，心里就彻底踏实下来，意味着人生最后的立命得以实现。

二

村落里历来就有光棍，因而也总是存在生了儿子却讨不上媳妇的老人。这样的老人的立命问题是不是就一定悬而未决呢？此处得分两种情况，一是所有儿子都没有成亲，二是所有儿子中有人没有成亲。这两种状态下的老年妇女有着相同的遭遇，却有不同的命运。青竹与国姐分别属于这两类妇女的典型。

近60岁的青竹是平屋里的老年妇女，她的情况跟秀娘十分相似，老公在七八年前得白血病去世，三个女儿老早就打发出家门了，现在上有89岁的婆婆，下有38岁的独子尚未成亲。老公把人生两大任务撇给她，差点没把她整个人压垮。在老公去世的那会儿，她还充满着希望，因为那时儿子虽然过了30岁，但仍然有很大希望讨个老婆。老公去世后，她依然把屋里屋外和田间地头打理得妥妥帖帖，使家像个家，为的是人家的女儿能够看得上她儿子。她风风火火、不死心的干练劲儿，折服了湾里人。但到这一两年，青竹明显没有以前的劲头了，人也消瘦、苍老了许多，除了年龄的缘故，主要还是看到儿子成亲的希望越来越渺茫，她陷入了绝望之中。

绝望的青竹不管是对家庭还是对村落，慢慢地都不再有以前的热情。家里的田地，除了种点口粮外，其余的要么给了人家种，要么抛荒了。独子越来越懒惰，成天混日子，她也懒得动嘴说了。娘崽俩的生活似乎是做一天和尚撞一天钟，缺乏别人家的生气。马医生说，青竹这两年不太热心跟人交往了。以前，青竹每天只要有点闲工夫，就要到处串门、聊天、帮人家做做小事、搭搭帮手。比如冬天做红薯粉时，青竹会主动上别人家帮忙，这家做完了上那一家，几乎湾里所有人家她都去帮过忙，从不要人家主动开口请，也不留在人家那里吃饭。双抢季节，她只要在公共的晒谷坪上，就会给人家的稻谷也倒倒翻翻。但是这两年，湾里的公共事务中很少看到她的身影，她懒得去其他人家串门。

正如青竹自己所说，她之所以会变得如此颓废、败落，甚至退出村落交往，是因为她所做的一切都"好像没有价值"。

她之前做事是富有希望、赋予价值的，是为儿子成家做的准备，是为儿子以后的家庭生活营造一个良好的村落氛围。如今儿子难以成亲，做这一切也就没有意义了。她也就缺乏动力、心思和热情，去打理家庭、介入村落。

青竹在一定程度上退出村落熟人社会，也是出于自我保护的意识。一是因为她处境特殊，对许多事情甚为敏感，因此容易受伤害。比如说，一群老年妇女在聊天，人家的孙子、重孙围绕在身边很热乎，她在其中作何感想。另外，自己加入聊天圈子，会使原本无所不谈的氛围被打破，人家会因为顾及她而有所隐讳，她也就知趣地不主动加入。二是介入村落事务，或者与人交往甚密时，不可避免地会与人发生摩擦，得罪他人，矛盾的产生往往会使青竹处于被动，因为人们常常会骂她这样的人为"绝代婆""多一代来绝"，这会触及她心灵的最痛处。她这样的人谁都得罪不起。

"多一代来绝"，意思是说你生了儿子，就要讨媳妇、抱孙子，否则，即使有儿子，没孙子，你也是"绝代婆"，那么既然左右都是绝代婆，当初为什么要生儿子呢？让儿子也成了"绝代人"，这不是多出一代来绝么。儿子绝了后，就等于自己绝了后，所以两代人都绝了，还不如事先不生儿子，就绝自己一代人。"多一代来绝"，说的是自己生儿子却不能给他讨上婆娘，罪过莫大于此。当人家骂出这句时，生了儿子的妇女的整个精神防线就会被突破，精神彻底崩溃。因此，青竹在村落的日常生活中，尽量保持与他人的距离，不再像以前那样有过多过频的交往，更不会轻易去得罪人家，以免生闲气伤了自己。青竹已丧失足够的心思与底气去介入村落生活，逐渐地把自己给封闭起来。

青竹的叔伯嫂子国姐，现年74岁，有四个儿子，其中三个儿子是地地道道的光棍，分别是50岁、41岁和35岁，基本上都难再成上亲。但国姐的精神状态完全与青竹不一样，原因是她有一个儿子讨上了老婆，现在还有了两个孙子。虽然国姐也时常为她没成家的三个儿子揪心，也被人骂过"多出三副棺材来埋"，但她没有像青竹那样产生过对生活绝望的情绪，也没有人咒她是"多一代来绝"的"绝代婆"。国姐有两个孙子，她的儿子辈没有绝代，自己也就不是绝代婆。虽然国姐在最后立命的问题上完成得并不是很完美，但终究是完成了，死的时候是能闭上眼睛的。

三

作为一个农村妇女，如果不出现奇迹，青竹这辈子就"废了"。除了像青竹这样是因为没能为儿子讨上媳妇而"废了"的，还有另一种"多一代来绝"的情况，即讨上老婆的年轻人在头胎生了女儿后，不愿意或不能再生，从而造成老一辈人"被废"。书全夫妇就是这样"被废"的。

现年57岁的书全、本香夫妇从小学到初中一直是同学，由以前的老同学牵线搭桥成为恋人。1980年他们头胎生下儿子后，接连生下三胎女孩。他们的独子很争气，一路读书不让父母操心。独子高考后上了大学，并且毕业分配在国家机关工作，给父母在湾里挣了很大的面子。他于2007年找了个女朋友，结婚后很快怀孕。本香见此当然十分高兴，但也有疑虑：儿子是公家人，媳妇不可能生第二胎。于是本香便患上了媳妇头胎恐惧症。有一次，本香跟儿子道出了心中的疑虑，满腹期待地说："你阿爸就养到你一个崽，要是××（媳妇）养个崽就好了，你阿爸这房人也好传下去。"儿子不理会母亲的"老思想"，并反问母亲："要是她养个女，你难道还会对她不好？"见儿子如此，本香不好再说话。

老天总爱戏弄人，怕什么，来什么。本香的媳妇果然给她生了个孙女。本香对我说，从电话里听到这个消息，她当时就觉得天塌地陷，天大的灾难砸到了他们家头上，什么希望也没有了。她几天后才从恍惚的状态中镇静下来，并很长时间没敢对外人透露此事。她更担心老伴书全受不了打击，会做出什么出格的事情来，没想到老伴却一脸无事的样子，好像不是自己媳妇生了小孩似的。但是，巨大的变化正在这个家庭中悄然发生。

变化最明显的竟是平静的书全。孙女2008年出生后，书全变得极其没有耐心，越来越烦躁不安，开始无休止地与本香争吵。从来没有打骂过老婆的他，在半年之内竟然将老婆从家里赶出两回，每回本香都要跑到大嫂家躲上七八天。最后本香忍无可忍，一气之下跑到媳妇工作的城市打工去了。一个人在家的书全，酗酒更加厉害，酒后在湾子里到处吹牛皮、说疯话，湾里人则耍猴子一样地逗他。我每次碰到他，老远就闻到一股酒气，他的脖子总是被酒精熏得红彤彤的。他不分辈分地对湾子里的小媳妇开黄色玩笑,让人避之不及。不仅如此,他还开始到湾里的寡妇家串门,公开给寡妇家帮忙做事,在湾里被传为笑柄。

2009年清明期间,一向对扫墓、祭祖十分积极的书全,竟然在人家都去给祖宗祭扫时,在家睡大觉。湾里的老礼生质问他连自己的老子老娘都不要了,还算是人吗?他则狡辩说,老子老娘都成了一堆泥土了,还要来干什么。放在以前,很难想象这话是从书全嘴里说出来的。

2008年,书全还耕种了几亩田,2009年,他就把所有田地都给抛荒了,活像个退休工人,整天在湾里吊儿郎当地到处游荡,无所事事。本香好心好意地劝他:"在家还是要做点事,人家哪个50多岁的会在家游手好闲的?"他出口就骂道:"还做?反正(代)绝掉了,(灶)倒掉了,做起来有什么用?"这正是所有"绝代人"的思维逻辑,青竹、书全莫不如此。

往年腊月间,只要有人家杀"过年猪",书全就会凑过去帮忙烧火、烫猪毛,他烫猪毛的耐心与细心程度在湾里为人所称道。而2009年腊月,他甚至连自己大哥家都"忘记"去了。书全家前几年打了口深井抽水饮用,因为水量大,便让湾上其他几户人家搭了便车,甚至连电费都不让人家出,因为他家"有个拿国家工资的崽"。但是,在我2009年5月份调查期间,他却无缘无故地不再让人家抽水,理由是"他又不是他们的老子",令人家十分难堪。

在孙女出生后的一年多时间里,书全不仅搅乱了自己在村落里的主要社会关系,甚至退出了当地的价值评价体系,成为村落的一个"外人"。我调查期间,书全的大嫂当着我的面将他赶出家门一次,另外还明确地驱赶过两次,坚决不让他死皮赖脸地进屋。如今,湾子里唯一欢迎他的是小卖部,因为他每天要到那里去消费一瓶二锅头。

由此可断定,听到儿媳生的是女孩的消息后,表面平静的书全,其实内心已经死却。湾里人都心知肚明,书全之所以会变成这个糗样,完全是绝了后的缘故。媳妇生下女儿的那一刻,就注定了他之后的命运。

我调查的中期,本香从儿媳工作的城市回到家,并不打算再去。本香似乎已经从一年前的阴霾中恢复过来,依然表现出一般农村妇女所没有的优雅与雍容,丝毫不像个绝后的人。但是她的内心却没有外表这般坚强。她坦言,出走打工其实是极不负责任的表现,她当时有得过且过、舍弃农村这个家的念头,因为只要在村落里待上一天,自己就要背负"绝代婆"的心理压力,到死都难以释怀。虽然只要为人好,不与人发生口角,就没有人明着说她,但她骗不了自己,自己从此就是个绝代婆。劳苦奔波了半辈子,最终落个绝代婆的下场,是她内心难以接受的。她的理智还是控制了情绪,她不能像书全那样把家庭折腾得不像样,自己可以不要名声,但还得为城里的儿子着想——儿子虽然在外工作,可是每年清明总是要回来的,因而要给他在村落里挣名气;而且,自己与老伴的尸骨总得由家门来捡,因此还必须把家门关系搞好起来。所以,本香决心回来重新打理家庭。

在村落的文化意义上,本香夫妇与青竹是同样的命运——

这辈子"废了"。如果说本香的情况是因为儿子是公家人，尚有些特殊的话，那么在村落新一代年轻人越来越不愿多生，并多持生男生女都一样的思想后，他们的父母辈"被废"的几率就会增加，"晚节不保"也就不再特殊。为了能抱上孙子，晚年不"被废"，不少婆婆可谓费尽了心机，但仍不能如愿，于是，最终的立命就成了问题。

但是，在年轻一辈看来，老人要抱孙子、传宗接代是封建思想在作怪，是脑子不开窍的表现，而他们在"先进"思想的统领下，完全置老人的"落后"思想于不顾，甚至以"先进"战胜"落后"为荣。正如儿子不理会母亲本香的"老思想"一样，其结果是老一辈人必然被名正言顺地废掉，而年轻人却丝毫也不会感知老人"被废"后的精神创伤，更不清楚老人变化如此之大的真正缘故。大学毕业的小浪，并不知道父亲的变故正是自己一手造成的，还一味地将责任归于父亲的嗜酒如命。

新一代年轻人的观念完全转变后，即便没有生育男嗣后裔，也不会有"废了"的感觉。而如今上了年纪的儿辈人，因为传宗接代的思想根深蒂固，着实无法根除，他们辛苦半辈子养儿育女，却可能没有孙子，于是，所做的一切不过是"多一代来绝"，到头来还是竹篮打水一场空。他们很有可能是废了的一代人。

婚姻中的归属与爱情

在大冶农村调查时，我发现四五十岁以上的受访人，无论男女，都埋怨现在这个社会将妇女的地位抬得太高了——妇女都出去打工，一打工就跟人家跑了；在家里若有一丁点不好，就跟丈夫离婚。这些人认为，妇女地位的提高，影响了家庭的稳定。他们说，现在的政策好是好，就是随便离婚这点不好，希望国家管一管。每个人都忧心忡忡，担心以后农村里离婚的人越来越多。当了十五年妇女主任的汪丽玲说，婚姻法应该修改，离婚不能太容易，应该让大队做工作，说不定工作做通了，家庭就维系了。

农村婚姻中有两套逻辑，一是归属的逻辑，二是爱情的逻辑。汪主任及她的乡亲们，显然还是在维持家庭婚姻、嫁鸡随鸡的归属逻辑中思考问题，而现在的农村年轻男女早已迈过了这一步，在一个全新的爱情视域里体验和实践婚姻。

一

大冶盘茶村明家巷小组的朱翠荷，当了十几年村民小组长，已经60岁了。她最感叹现在妇女地位提高了，政策对妇女太松弛。她比较说："往年，在毛泽东时代，在我前辈的时候，不准女的出门。后来慢慢解放了，还有点封建，女的在外边'风流'，会被说闲话，姑娘不准说脏话，妇女要规规矩矩。男的不现肚脐，女的不露胳膊。不能瞎来胡闹，有家教，听大人的话，要是出门，有大人安排。"而现在，女的动不动就到外边搞钱，一感情不好，老公又没有钱，就离婚了。她年轻的那个时候，公婆对她那样不好，把她打得死去活来，她都没有离婚。她感叹现在对妇女的政策，导致公婆管不了，兄弟、哥嫂、亲房里的人不敢管，一管就要犯法。娘家也管不好，有的娘家为了讨好女儿，还纵容女儿。这些妇女也不想着照看自己的子女，就跟人跑了。

汪主任跟我们讲了个看起来离奇，实际已经很稀松平常的离婚故事。一对年轻夫妇，两人都是1981年出生，2003年结婚，生有一个女孩。两人都在外打工，感情一直不和，闹着要离婚。我们来调查的前不久村里组织妇检，妇女主任打电话给女方，女方回答说，我们已经离婚了，不用妇检了。管妇女全面工作的妇女主任这才知道他们离婚了，而湾子里的其他人，除公婆外，估计还没有多少人知道这个消息。汪主任感叹说，现在的年轻人，结婚和离婚都已经是个人的事情了，与其他人无关。

从朱翠荷、汪主任那一辈人到年轻一辈人，人们对婚姻、家庭的态度有了翻天覆地的变化。简单地说，从打死都不离婚，到一吵一闹就离婚；婚姻从以前牵扯到娘家、婆家以及宗族房头，到现在变成纯粹私人的事情。这说明，在两代人之间，婚姻本身的内在逻辑已经发生了改变。

二

农村婚姻较以前，形式上的变化可能有也可能无，但其内在逻辑已经发生了质变。我们了解到，现在打工促成了大量外地婚姻，婚姻仪式都较本地婚姻要简单得多，很多礼仪都没有了，打工给当地传统风俗礼仪带来了冲击。所谓打工婚姻，就是由打工中男女双方建立爱情后的结果，即爱情婚姻，婚姻只限于两个人的世界，与其他人始终没有多大瓜葛。在爱情婚姻当中，风俗礼仪并不重要，重要的是爱情。

现代城市爱情婚姻，结婚酒席、仪式在男方家庭办一次，到女方家庭再办一次（次序可颠倒），最后还到工作单位办一次，每次仪式或复杂或简单，都有些仪式过程。但这些仪式与传统仪式所承载的意义完全不一样。湘南水村的晓波在城里工作，谈了个女朋友，结婚没有在家乡举办酒席和相关仪式，倒是因为女方在城市，且女方亲戚也多在城市，所以在城市举办了酒席仪式。仪式中有一个环节可能是新近兴起的，即新郎给新娘下跪，然后再掀盖头。这让湾子里的人看了很不满，"男的再怎么（对女的好），也不能下跪啊"。这就是仪式本身的性质、意义发生了变化。以前"掀盖头"意味着女子从此归属于男子家庭；现在"掀盖头"前先有"下跪"，明确表达的是新郎对新娘的爱意。这也引起了两代人的冲突，爱慕怎能让男子卑躬屈膝呢。

爱情婚姻是不需要仪式的，只需要表达爱情的举动。这多半因人而异：有人下跪；有人亲吻；有新郎回忆谈恋爱过程中感人至深又出乎新娘意外的故事或细节，从而让新娘落下感动的眼泪；还有各种稀奇古怪的闹洞房花样，等等。半吊子的仪式，作为形式和过场，也可以看作私人性的表达，整个或长或短的仪式过程，男女双方被主持人操纵表演，其他的人都是看客，是凑热闹者，有无都无关紧要。仪式只是要宣示，新人正式结婚了。仅此而已。

传统婚姻的仪式却承载着诸多的功能和意义。新人远不是仪式的中心，不管在不在场，仪式都可以照样举行下去。传统婚姻仪式中重要的是其他人：一方是娘家，必须有人来送新娘，在仪式中的地位最高；另一方是婆家的家族，是与娘家对等方。婚姻更多的是娘家与婆家的表演，是正式结成亲家的仪式，而男女双方在这个联亲的过程中，扮演的仅是中介角色。

在湘南农村，新娘的父亲是一定要去送亲的，他也是仪式中最重要的客人，人称"上客大爷"。父亲此去有两个作用：一是与亲家正式见面，算是两姓正式结为亲戚；二是送女儿到婆家，此举至关重要，关系到本家族女儿以后在亲家家族的地位与立足问题，他一人代表着整个娘家家族。一个女子出嫁时若没父亲送，会一辈子在婆家里抬不起头。在大冶，虽然娘家父亲没有送新娘出嫁的习惯（送了，好像女儿嫁不出去一样，硬要塞给人家），但娘家也必须来人，或其兄长，或其舅舅。

婆家也是表演的重头戏，它是仪式的操办者，每一个步骤都由它来把握。礼仪礼节到不到位,娘家满不满意,分寸的捏拿、细节的把握非常重要。陪"上客大爷"的婆家人,必须是本家族最长、辈分最高、最为人所尊崇的人,这关乎本家族的形象,如此才能显示男方家族的"结亲"的诚意,也意味着对女方家族的重视。这一切最后给人的印象是,这个婆家以后会给进门的媳妇一个合适的位置。

仪式中还有个重要的角色,就是宗族,即除男方亲房以外的本族人。在湘南、大冶都叫"湾里人",也即熟人社会。在只有两三百人的宗族,全宗族的人都要参加表演,而较大的宗族,则主要是本房头人参加,宗族里的其他房头派代表。在大冶,这叫作"接房头客",就是把各房头的房头长请过来喝酒,新娘新郎要到这席敬重酒。次日,新郎、新娘还要在本房头亲属的带领下,到每家每户去"倒茶",意思是将新娘介绍给宗族里的每家每户认识,以后就要一同生活、过日子,希望邻里多多照顾、体谅等。

上述对仪式中各方角色的论述试图说明的是,婚姻本不是男女双方的"私事",而是涉及多方的"公事"。婚姻仪式表达了两个主要的意思:一是结两姓之好,非两人之情,由此勒紧了两个姓氏、家族之间的关系纽带,建立了娘家与婆家亲房、宗族的多重关系,年轻男女以后的所有行为只有在这个既定结构中展开;二是确定了妇女(新娘)今后人生的归属,妇女从此脱离娘家进入婆家亲房、宗族的社会圈子,要在这个关系网络当中确立自己的位置,扮演自己的角色,方能立足和安身立命。

三

在婚姻仪式之后的日常生活中，娘家、婆家与熟人社会，这三者是一个既定婚姻的限制性条件，是婚姻正常运转的结构。

娘家在妇女婚姻生活中，起到两个作用，一是支持，二是敦促。娘家支持妇女的家庭生活，支持她在家庭、家族和村落扮演积极的角色。我们调查过很多家庭，因为困难无法生活时，都是靠娘家的救济过日子，有不少外甥甚至在娘舅家里抚养成人。而当妇女在婆家遭受不公正待遇时，娘家很快会露面（有时甚至整个娘家宗族都会出面）。当妇女在婆家非正常死亡时，往往会带来宗族的"打人命"。这些支持性的姿态和实践，说明娘家是女儿在婆家立足、安身的后盾。特别是抚养外甥的行为，是娘家为妇女在婆家安身立命做的最大、最突出的工作。

所谓的敦促，就是娘家人敦促女儿尽快融入婆家及其宗族，不要三天两头回娘家，隔三差五跟婆家人吵架。为此，娘家会采取一些必要的措施。在湘南水村调查到这样一些案例。其一是杨广生的女儿出嫁多年都没有真正在婆家安下心来，在婆家没有一个真正要好的人，还经常跟婆婆和邻居吵架，为此娘家父亲十分恼怒。某天傍晚父亲直接到女儿家，二话没说就扇了女儿几巴掌，从此女儿主动介入婆家及其村落。其二是，年轻媳妇曾庆梅对自己的小姑子说，在婆家要多去"从人"（结交），多去人家那里坐坐，嫁到哪里"从"哪里。意思是要多参与婆家熟人社会事务和交往，不能孤立自己，否则日子就不好过。另外，当妇女遇到婚姻问题时，娘家人的姿态是劝和不劝分。娘家人不希望有二嫁女，即便是没有感情的婚姻，能维持也尽量希望维持。

婆家（及其亲房、宗族）是妇女出嫁后终其一生需要面对的群体，是融入与接纳的关系。大冶农村人讲，以前女的找的是人家，现在找的是男人。"人家"不是一个单个的家庭，而是包括亲房、宗族和村落在内的大家庭，是妇女生活与归属的载体。所以找对象的时候，首先是看湾子好不好。盘茶村的明老校长说，他们湾子自从修了水库，条件好了以后，外边的姑娘都愿意嫁到这里来。然后是看家风、家庭在当地的声誉。水村杨军元娶不到老婆的缘故，很大部分是他母亲与婆婆吵得厉害，在当地影响很不好。择偶时，男子个人的条件被放在了次要位置。在兰考南马庄，若男子长得一般，又没房子，则没有人来说亲，但只要一建楼房，说亲的就排着队来。

找了人家，结婚后，妇女就要当婆家的家为自己的家，不能总是恋着娘家。妇女应该主动融入、介入婆家的家族、宗族和村落关系，跟人频繁交往，建立良好关系。妇女一旦融到一个宗族结构中去之后，妇女婚姻家庭的事，就不再是个人的事，还是婆家、亲房的事。若要想离婚，就要牵涉很多东西，包括上述关系牵扯及其感情纠葛。也就是说，当妇女介入家族、村落生活之后，就会对其要归属的地方、归属的人群产生浓厚的感情，这本身就很难割舍掉，因此即便与丈夫无感情，妇女也已经把婆家村落当成自己的村落，将湾子里的人当成自己人了，自己已经在村落、人群中有了自我的定位，已经在此立足，于是将个人的感情放到了次等位置。

所以，以前村落离婚的很少，是因为妇女本身归属于宗族房头，不会随意离婚，她对家庭的认同嵌入对房头、宗族的认同之中，家庭的归属只是对房头归属的一部分。因此，只要有房头、宗族归属的存在，家庭还是要极力维持的。

总之，在娘家、婆家与熟人社会这样一个结构中（三位一体，体就是婆家房头），妇女的婚姻从开始说媒到婚姻因某个人的死亡而结束，遵循的是一种归属的逻辑，背后是妇女要在哪里立足，最终在哪里栖息、在哪里获得人生意义的重大问题。为了解决这些问题，妇女就必须走出娘家，寻找一个落脚点，它就是婆家、丈夫的宗族房头、村落，妇女只有得到这三方力量的充分支持，才能最终实现归属，得以安身立命。

四

当婚姻的逻辑转换之后，也就不需要在上述结构中行走了。"若为爱情故，三者皆可抛"，这就是婚姻的爱情逻辑。

需要澄清的是，并不是说归属逻辑的婚姻中没有爱情。在20世纪七八十年代的许多自由恋爱缔结的婚姻中，爱情轰轰烈烈地滋润着两个人的关系，有时甚至闹出了许多女孩因爱情遭受父母围攻堵截愤而寻短见的悲剧。无论一段爱情是修成正果，还是以分离的悲剧告终，爱情背后都是归属的逻辑在起作用。女孩子本身所持的也是归属的逻辑，爱情只不过是改变了获得婚姻归属的"方式"而已,而没有改变婚姻的内在逻辑。通过爱情产生联系之后,其余的一切还按照归属的逻辑在运行,以后家庭的运转和维系都不来自爱情,而是来自归属。

到1990年代中后期,特别是2000年以后,农村的普遍情况是,爱情的逻辑在很大程度上取代了归属的逻辑。无论是本地婚姻,还是外地婚姻,无论是自由恋爱,还是媒妁之言,无论是举行了传统仪式,还是没有举行,都只是达致婚姻的手段与形式的不同,内在都是由爱情决定。爱情婚姻,只需要论及两个人的感受,是两个人的私事,它与娘家、婆家、熟人社会都没过多的关系,至多是见证的角色。当爱情没了之后,婚姻也可能没有了维系的纽带。正如结婚是个人的事情,离婚同样是个人的事情,娘家、婆家、熟人社会都无权干涉。

而且,以前以归属逻辑进入婚姻状态的妇女,也随着社会变革而改变了自己的"信仰",归属不再神圣,婚姻是可以选择的。

在观念的改变上,男子往往要落后于妇女,可能是因为男子无须过多考虑归属问题。看看以下案例。大冶盘茶村的何玉晓长得很漂亮,也很风流,她在20世纪八九十年代就跟湾子里的一些人有婚外关系,又跟大房头的曾宪梓有染,老公曾宪桑比较窝囊,管不住她,双方的家属都管不了。当时曾宪桑有些阿Q精神,说"她总是我曾宪桑的老婆吧,不是曾宪梓的老婆",意思是说不管你在外边如何乱来,我管不了你,但你始终是我的老婆,不是别人老婆。这是按照传统归属逻辑思考问题的典型。但是他没有料到世事多变,他的老婆在2000年左右出去打工开餐馆,很快就跟了人家过,再没有回来了。有了多样的选择,妇女就不用再单一地选择某个家庭、房头作为归属,亦不需要考虑年老之后怎么办,最后的归属在哪里。

传统妇女会考虑自己生养死葬的问题,最终魂归何处的问题。归属逻辑思考的是,妇女自身依照什么在婆家立足、归属于婆家,最终葬入婆家的祖坟山。儿子和娘家在妇女归属的问题中,几乎扮演着同等重要的角色,有没有娘家,有没有儿子,妇女在婆家家族、村落的立足、安身就会有变化。儿子是妇女最终的依靠,是其能够体面、平静地在家族、村落生活的支柱,也是由他把自己送入祖坟山,死后为自己"开门"(死后回家,需要有开门的人)。我们在农村看到很多这样的案例,改嫁没有生育的妇女,晚年往往过得很悲惨,似乎不是在自己的村落生活一般,"脚下总是没有根",旁边都是熟人,但看起来都物是人非,没有温暖,没有感情。所以,一般而言,一个妇女若无生育,往往是不会再改嫁的,这是由归属逻辑决定的。

若无须考虑归属,妇女不管多大年岁都可以离婚改嫁。两种情况,一种是改嫁至一个不排斥外姓的杂姓村落,妇女改嫁可以带子女,以后的生养死葬靠子女。另一种是一个更具吸引力的选择,即没有生育,离婚后搬到镇上、城里。在这些地方,要么再成家,找个退休工人,有吃有喝,不愁下半辈子;不然也能够赚钱,自己养活自己。这个选择为多数人所接受,它无须考虑以后的归属问题和儿子的养老送终问题,也无须顾忌旁人白眼,自己过自己的日子,既坦荡又潇洒。像曾宪桑的老婆，没有生育能力，跟了别人走考虑的就是在城里可以过上好的生活，而非归属问题。

但是也有些妇女比较大胆，改嫁不是去镇上，而是在农村。其他农民就会为她忧虑了：你以后怎么办？你跟了人家，人家那边也有子女（没有子女的，有侄子），以后动不了了，别人家的孩子会养你老、送你终吗？人家不是多一个负担吗？你抛弃自己的子女不管，他们以后会管你？显然，在农村，这个归属问题，是一个妇女在改嫁之前必须考虑清楚的。但是，就是有妇女不去思考，依着自己性子来，只考虑当下的伴侣生活，不顾及以后的归属。人在有了多样的选择之后（她的改嫁，儿子都干涉不了），更多地选择当下的、短期的目标，而放弃了远虑，这是归属逻辑在婚姻家庭中隐退的原因之一。

我们调查到，在妇女决绝离婚的案例中，妇女不顾其子女坚持离婚，说明归属逻辑中子女对于母亲归属的确定性，在爱情中已不再需要，子女也不再是维系家庭的唯一纽带。归属是公共性的东西，涉及三位一体结构，以及诉诸公的规则，如一个离婚案，要牵涉到各方感情和利害。而爱情则是纯粹私性的东西，只是两个人的事，两个人决定了，事情就解决了，处理的方式也是私人性的，不牵涉公共性问题。爱情中个体本身的感受是重要的。用归属的眼光来看待离婚，往往会认为离婚是一时的冲动，如工作做到位，认为家庭还有维持的可能；但若用爱情的眼光来看，冲动本身就是个体本位的，是爱情内在包含的行为准则，任何工作都是外在的压力，无法将两个人爱情上的电极接触在一起，因此外人的介入都会破坏爱情本身的逻辑。

五

　　总结起来，归属的逻辑讲究的是妇女的婚姻行为，尊崇最终的目标，按照公共的规则在一定的社会结构中展开，妇女最终走向早已设定好的归属，以完成人生的意义。婚姻在这里只是手段，爱情也只是走向归属的中介之一，归属是目的，爱情没了，归属依旧。爱情的逻辑，则是指婚姻本身是爱情自然而然的结果，它只在两个人的互动中展开，避免其他人的介入，婚姻作为爱情的载体而存在，爱情不再，婚姻不存。

　　在归属逻辑中建立的婚姻，为的是作为更宏大目标的归属，是超越性的理由，婚姻本身很重要，它规定了妇女归属于何处，一旦建立婚姻，归属就很难变更，婚姻因此也很难变更。而爱情逻辑的婚姻，则是为了维持既有的爱情，有没有婚姻的形式，其本质都差不多，婚姻没有限定作用。

　　婚姻中归属逻辑向爱情逻辑的转换，意味着农村妇女的人生意义发生了根本改变。

农村妇女为自己"立法"

如今大部分农村家庭的人情往来，都由妇女在其中穿针引线，可以说是妇女通过人情将不同的家庭给勾连起来，形成一张以家庭为中心的，有结点、边界和限度的关系网络。然而妇女在其中扮演的角色也有不同：一种是参与执行，即有规有矩地按照传统的形式迎来送往，保持家庭人情的链条和范围；一种是对既有的人情规则进行一定程度的修正，重构自己的关系网络和定义人情的轻重缓急。两种不同的人情实践形式，不仅反映出妇女社会地位的高低程度，而且反映出妇女最终归属的变化。

妇女地位的提高与主体性建构最突出地表现为，妇女能否打破以男性为中心构建起来的原有规则体系，并进行规则的自我界定和重新定义。

一

在传统意义上，妇女不是人情实践中的行动者，人情也不由她们来建立。在河南调查时，老人讲以前的妇女都是裹着小脚，一门不出二门不踩，基本上很难有外出串门的机会，整天在屋里纺纱织布。因此，家庭的迎来送往，特别是去赶人情，多由男子负责，妇女只是协助。

另外，家里的人情亦不是妇女的人情，而是以婆家男性亲属、朋友为网络建立起来的，与妇女没有多大关系，即便是妇女的娘家人，也非妇女的一门亲戚（娘家亲戚在最本质的意义上，是婆家的亲家，是作为亲家亲戚而存在的），妇女对此发不了言。因此，妇女不是人情的主体和中心。解放后，妇女有了行动的自由，串门走亲戚也逐渐流行，她们也就慢慢分担了家庭的人情任务，成为送往者，最后垄断了这一"行业"。妇女在人情上有一定的自主行动能力，一般的送往，无须跟丈夫商量。但是人情的主体依然是男子及其家庭，人情对象的轻重不以妇女的意志为转移。

传统的血缘社会，"千百年家门，六十年亲戚"，宗亲毋庸置疑被放在第一位，再是"三亲六党"。宗亲亦分大家（庭）、房头和宗族，亲疏有差序，但宗亲在家庭关系中的位置比亲朋要重。

在三亲六党中，又以男方的亲戚为重，亲戚链条要长些，可以牵扯至很远、范围拉得很广，比如男方的女儿、姐妹、姑姑、姑婆、舅舅、舅公等，但是女方的相应亲属（除女儿外）一般就不会完全纳入进来，而且亲戚链条不会太长，如女方的姑姑、姑婆、舅舅、舅公及叔伯这样的亲属就不会被纳入家庭的人情链条中，像姐妹这样的至亲，也只有当姐妹在世时才有来往，一旦过世，两个家庭就不存在关系了。从这个人情链条中也可以看出，妇女在整个婆家家庭亲属体系中的地位不高，唯一与之有联系的是其娘家,但娘家的人情往来的范围很小,只限于父母、兄弟姐妹,再远一点就是叔伯,其他的如叔伯兄弟姐妹、姑亲姑表等,虽然在个体亲感、依恋上至关重要,但都被硬性规定在人情往来之外。而且正如上述,妇女的娘家作为婆家家庭的亲戚,被解释为亲家之亲,所以亦与妇女无关(即便妇女死去,只要有儿子在,亲家之亲就不会断裂)。这是以男性家庭为中心建立起来的人情规则,它不以妇女个人的情感偏向、交情厚重为转移,特别摒弃了妇女的情感、喜好与其原有的关系网络。妇女即便在人情中扮演着非常重要的行动者甚至决策者的角色,也要依此规则、惯例行事。

人情需要成本,特别是需要由人情来维系的亲朋关系,尤其需要花费金钱、时间乃至精力(宗亲有血缘在,即便无人情也有纽带),因此,人情的链条不能太长(当然短了也有问题),必须控制在一个适度的范围。如此,人情就会有个吐故纳新的机制。人情链条的吐故纳新也以男性中心的人情规则为基准。纳新当然要简单得多,多半是通过姻亲建立新的人情对象,但不能将姻亲那边的范围拉得过广,否则也有逾越规则之嫌。如新郎第一次去见岳父岳母时,肯定要到与新娘关系最近的家族拜会,一般五服上下的家庭都要走到。但是一旦结婚之后,就无须将人情之网撒这么宽了。撒宽了,你办酒席,请了这些人,人家就会有意见,说这用得着请么,会怀疑你是为了收取更多的人情礼金才请的。而且这对自己家庭来说也是个沉重的负担。所以纳新也注意分寸。

吐故的学问就很大了,里面的规则也特别多。例如,当小家庭从大家庭中分立出去后，各自因为结婚有了新的亲戚，父母老亲的人情如何处置，各地有不同的办法。

在河南农村，有分亲之说，即子辈将父母的老亲人情给分了，分到谁谁去走，这样老亲人情没有中断，又减轻了子辈的负担。但是，一旦老亲中的老表过世之后，这门亲就断了。

在湘南，老表之间人情的中断也有一定的规矩，主要的是在新年拜年中，通过回礼中将送的红糖回给老表，让对方知道以后就不用来往了，这样既不尴尬又很明确。

在湖北大冶，老亲的中断往往通过在酒席、聘书等过程中找茬，如没有招待好，仪式中忽视了某些环节等来达成，而新亲是不会注意仪式中的礼节问题的，即使有不到位的地方，也不会找茬，因为还有很长的亲戚之路。

这些中断人情的形式，都在共识的范围以内，不会给人带来很大的麻烦，或置人于尴尬的境地。人们既不能随意中断人情往来，也懂得如何去中断一些老亲：

> 大冶盘茶村柯楼湾的柯生汉老人，一辈子为妻弟做了很多的事，但没有得到好报，妻弟们还经常埋怨他，有数次还差点打了起来。尽管气得要死，但他只能忍受，平常的人情往来、年节的送往都按部就班地进行，因为老婆和自己都还在，妻弟们也还活着，不能随便断了亲戚，否则就不合规矩，人家会耻笑自己老婆没有娘家。

综上所述，人情的范围、人情对象的轻重和人情的吐故纳新都有一整套的规矩,并不是游移不定、朝令夕改的,亦不随个人的意志、喜好和情感转移,而是作为一套公共的规则,要求人们在人情表达、关系处理当中践行之。因此,农村人情具有公共性,实践、生产和再生产着牵涉农村各个方面的公共规则。说到底,人情就是处理人际关系的一套规则体系。

二

妇女是个特殊群体,在做女儿、做媳妇及当家作主等各个阶段要处理的人际关系有着很大的不同。做女儿时,妇女的整个交往都在以父亲为中心建立起来的关系网络当中,情感的依赖也必然纠结在其中,如与叔伯姐妹(兄弟)、表姐妹(兄弟)一起成长;而做媳妇的时候,整个关系网络就要转移,重点也不会在以前那个熟悉的圈子。这种转换带来的不适应和心理感受,妇女都必须承受之。当自立门户后,自己开始张罗家庭的人情,妇女也依然不能自主决定人情的对象,以前的闺房密友、同学朋友,无论感情有多深、交往有多重,都无法主动去建立人情联系。在人情对象中,尽管妇女对娘家亲戚与婆家亲戚在感情上有所偏斜,却不能按照感情来操持人情事宜,否则会被人指责为只顾娘家、不顾婆家。这说明,妇女人生不同阶段中的社会关系是在不断转换的,转换过程必然会有阵痛,但也仍然需要按照人情的规则来行事,来处理各类关系。

中华人民共和国成立后,农村妇女得到了解放,社会地位提高了,有不少还在家庭里真正地当家作主,不仅操持着家庭事务，而且对家庭各方面的决策都有决定权。妇女地位的提高、妇女当家，本身确实是对传统男权社会制度的冲击，冲破了原先的一些禁忌和顾虑。实质还不在于此。正如上述，妇女即便在人情中有了行动的、主动的和决定的权力，若她依然是按照原来的线路、原来的规则、原来的逻辑在思维、观察、行动，那么她的一系列行为都无疑是在滋养原来的关系网络、行动结构和规则体系，强化原来的那一套制度。正如湘南的农村妇女讲的，嫁到哪里就"从"哪里，要想融入夫姓家族和村落，就必然要按照当地原有的规则行事。所以我们看到，在传统上很少有娘家人到女儿家来养老或者成长的，多是外甥到外婆、娘舅家成长的。为什么会如此？显然，娘舅家对女儿、外甥有如此的义务，为的是自家的女儿能够在婆家更好地安身立命，这是重婆家的逻辑，而不是重姻亲的逻辑。

农村妇女在家当不当"钱"的家并不是问题的关键，关键是她如何用这个"钱"。如果钱还是用于原来的关系网络，用来滋润婆家的社会关系，这与男子当家没有任何区别；而当"钱"用于滋润娘家的社会关系时，行为的性质就发生了根本的变化。若妇女当家，"钱"既不用于婆家关系，也不用于娘家关系，而是用于自我小家庭的建构，这也与其将钱用于滋润娘家关系的逻辑一样，说明妇女已经突破了原来的规则体系。

三

我们调查到，许多老人都在埋怨自己的媳妇对娘家要好些，什么好东西都往那边搬，一到过年过节，"那鱼啊那肉啊，一个劲地往娘家提"，而对公婆却没有任何表现。大冶明家巷有家婆婆过端午节，看着媳妇买了鱼肉、包子送往娘家，而自己却什么也没有收到，一气之下就喝药自杀了。农村人普遍感受到，如今生男孩不如生女孩，男孩是负担，女儿是"银行"。大部分年轻妇女也承认，自己确实对娘家那边要比对婆家这边亲些，有的则认为两边都一样看待，一碗水端平。无论是差别对待，还是同等对待，都反映出婆家与娘家的家庭地位发生了很大变化。

其实问题的实质，不在于被冷落的是哪一边、热络的又是哪一边，而是新一代妇女当家之后，之前的人情规则、社会关系的准则被打破，妇女最终可能依照个人的喜好、情感偏向来定义家庭的人情对象，人情链条是接续还是中断都由她来规定，即一种私的规则在起作用，公的规则被肢解。

> 大冶盘茶村妇女主任的老公有三兄弟，三个家庭都是妇女当家。到什么程度呢，要商量公公过世如何安葬，剩下一个老人如何养老的问题，都不是由男子，而是由三个妇女在一起决定，男人不管事。
>
> 大嫂一向与小姑子不和（但与大哥无嫌隙），今年大嫂的独子结婚，就没有邀请小姑子，小姑子跟另外两个兄弟通了很多电话，希望来参加侄子的婚礼，但是大哥在家没权，大嫂又不松口，最后小嫂子只好安慰她说"还节省了几百块钱"。小姑子很委屈，据说几天都是以泪洗面。

她的老公已经不在世。在当地，对妇女而言，有没有娘家与有没有生儿子同样重要，而如今娘家人又如此对待她，小姑子心里有说不尽的辛酸与苦楚。

在这里，妇女掌握家政大权，连男方最重要的亲戚之一都拒绝邀请，与当地共识相违背，破坏了原来的规则体系。这一中断人情的行为显然不在规则范围之内，一是对方不是老亲，也找不到人家的茬，二是对方是男方的胞妹，原则上人情往来到死才能中断。这一中断行为显然是妇女个人意志的结果，是其感情好恶偏向的体现。皖北农村调查发现，一些20多岁的年轻媳妇裹挟丈夫退出与宗亲的人情，退出家族、熟人社会的关系网络和评价体系。

妇女的感情偏重一般是在娘家那一边，与娘家父母、兄弟要走得近些，因此往往在打破原有规则之后，娘家亲戚就要重要些，人情的范围也较之前要广阔得多。比如在东北农村，娘家的数代亲戚都被纳入家庭的人情链条。妇女因为受气、赌气，中断与娘家哥嫂的人情往来的也有不少案例。同时，妇女幼时的闺中密友、中小学同学、打工认识的朋友，也逐渐进入家庭人情的范围，相反，男子的有些朋友则被妇女拒于门外。

这些都说明，妇女已经开始按照自身的逻辑建构家庭的关系网络，这个逻辑以个人的好恶、情感、意志、性情、利益等为依归，而非传统的人情共识。妇女所践行的是一种私的规则，比如人情偏重娘家，是私的表现和感情偏向的结果，而不是普遍的共识。当感情丧失之后，娘家也可以舍弃不要。她的行为不再像以前那样结构化、模式化。

四

妇女在人情、人际关系上突破原来的规则体系，意味着什么？妇女解放、地位提高的最高境界，是自己制定自己的规则，自己决定自己的归属。因此，一般谈论妇女地位的考察指标，如妇女在家庭中的决策权、受教育程度、财产权等，都只是些表面现象、量变而已，这些考察如果失去了对妇女行为内在本质差异的判断，将无法真正把握妇女解放、地位提高之程度的精髓。正如传统上，老年妇女一般对家庭、子女都有着绝对的权威，且操持着主要的家务，但没有研究者说这是妇女地位高的表现。同样，当妇女不仅当家务的家，而且当"钱"的家的时候，若她依然引领家庭在传统的轨迹上行走，遵循着传统的规则体系和共识体系，那么，只能说妇女的地位较之前普遍提高了，却不能被理解为到了更高的层次，此时的妇女仅仅是男性的代理人而已；假若她的行为已经偏离甚至超越了原来的轨道，不再遵循原来的规则，而是"我行我素"，那么事情就发生了质的变化，妇女开始在规则体系上自立自主、自我建构。

妇女自定规则（如按自己的喜恶中断与小姑子的人情）的要害在于，挑战了原来规则体系的完整性和权威性，更开了道小口子（这是男子不敢轻易开的，推脱说是女方的决定，自己不管）。一旦有人开了第一道口子，接下来就会有人开第二道口子（妇女开导丈夫说，他们家都不请，你怕什么），规则就会如此一步步地被肢解。原有的规则是依据男性为中心制定的，实际上是维护血缘社会的一套工具，此前的妇女解放都是在这个规则体系内的话语，妇女地位也只是在这套制度里头进行的微小调整（以前不让你做事，现在让你按照它设计的方式、道路去做事），并没有触及根本制度架构。灵魂没有变，变的只是形式。这也遮蔽了许多学者的眼睛，他们看到农村妇女当家之后就欣喜若狂，迫不及待地用各种指标数据去测量、去预测。

真正的变化是旧有制度、规则之魂的变化，妇女打出来第一枪。农村妇女现在的变化，远比从男人身边解放出来要深刻得多。农村妇女果敢地冲破旧有的制度规范，按照自己的喜好做事。农村妇女让自己、丈夫和家庭按照自己定义的行为轨迹生活。一场巨大的革命正在爆发。

涂脂抹粉的农村中年妇女

孝昌农村有一些中年妇女跟很多地方的中年妇女不同，她们很在乎自己的形象，在意别人怎么看自己。无论是干农活还是去逛街，她们都打扮得干净利落，头发梳得整洁，着装细节讲究，脸上和手上皆要涂抹一下，还要注意裙子和高跟鞋的搭配是否得当。

一

小薇的母亲刚过60岁，也是一个挺讲究的人。不管是去乡镇赶集，还是去县城购物，或是去工地监工，抑或是外出打牌，都要穿裙子和高跟鞋。她头发梳理得很整洁，头上饰品要与衣服、裙子和鞋子协调，脖子上带一个金项链，或是银饰品。要做到身上的任何地方都不给人以违和感，不会急匆匆出门。

在头一两次去我湘南老家做客时，小薇依照孝昌农村中年妇女的形象和着装要求给我母亲买了裙子和高跟鞋。但是，我母亲即便是上县城买年货时都不会穿裙子和高跟鞋，更不用说下地干活或待在家里的时候了。她劝我母亲外出要讲究一点，可以穿高跟鞋和裙子，头发梳理一下，脸上抹一点显得更精神，但是我母亲没一次按她说的去做。小薇就说我母亲冥顽不化。我母亲跟她母亲差不多年龄，在穿着打扮上却有天壤之别。我母亲总是一身干活的行头，而她母亲只要外出就得梳妆打扮一番。这不是因为我母亲思想不开通，而是因为我老家当地的农村妇女就没有穿裙子和高跟鞋的，年轻妇女可能会涂抹一下，但也不明显，没有人会在意涂没涂，穿金戴银的现象就更少见。在我们老家，如果一个农村妇女整天像小薇母亲那样打扮自己，人们会觉得很奇怪，会感慨这样穿着怎么干活、怎么带小孩。如果真有这样的人，会被称作"老妖怪婆"。

孝昌有一个56岁的中年妇女，在家带小孩，顺带推销保健品。家庭条件一般，老公在附近打零工，有一个儿子三个女儿，儿子初中毕业后到东莞打工，现在工资一天300元左右，30岁了还没有结婚。他们家在县城旁边的一个商品房小区买了房子。该妇女说，自己年轻的时候受了苦，现在上了年纪要好好享受一下生活。这名妇女喜欢五六人成群结队地去县城逛商场、买衣服，还时不时地聚餐和K歌。仅K歌一项，一个月就有四五次的样子，平均每个星期一次。这些妇女在村子里关系比较好。该妇女是孝昌农村典型的中年妇女形象，没有负担和压力，在乎自己的个人感受，活得自在潇洒。

二

这些农村中年妇女之所以能够过自己的潇洒生活，有几个方面的原因。一个是她们属于农村负担不重的人。年轻妇女虽然也可能像她们那样在意自己的形象，但是她们必须外出务工赚钱养家，否则就没有办法过上当地体面的生活，没有办法送她们的小孩到县城上学读书，更没有办法在县城买房子。但是等到她们的儿子从学校毕业、参加工作之后，她们就开始轻松了起来，尤其是当子女都结婚成家，她们就基本上没有了负担。这时，家庭不再有较大的开支，老公却仍是壮劳动力，能够种地和打零工，一个月能赚两三千块钱。因此，她们不需要外出务工。农村生活的货币化支出不大，日常生活都能自给自足，菜园子一年也不需要几茬种，一般只种蔬菜和花生。另外，每到过年的时候，女儿女婿都会给母亲孝敬几千块钱不等的"打牌钱"。孝昌中年妇女的丈夫打零工及其他货币化的收入用于抽烟喝酒、人情往来及孙辈上学等，再就是用于她们的穿着打扮、逛街打麻将。归结起来，这些中年妇女的家庭尚有收入来源，而货币化支出压力又不大，因此她们可以将家里的"闲钱"用于个人的消费。同时她们也有大量的闲暇时间可以用于消费。

按理来说，即便是家庭货币化开支不大，她们也应该在尚有劳动能力时尽量自食其力和赚钱存钱，这样一来，以后丧失劳动能力时既不需要向子女要钱，还可以输送一定的资源给子女，以减轻他们的生活负担。但是孝昌农村的部分中年妇女并没有这么做，也没有这么想。这也许是因为当地父母对成年子女的责任意识不是很强。父母将子女养大成人，给他们操办了婚姻后，就算完成了任务，不会有太多继续劳动赚钱的压力。

尤其是那些本来就没有多少技能和赚钱机会的父母，他们在子女成婚之后，早早地进入退养的阶段，不向子女索要生活费用，就算是他们对子女最大的恩惠了。小薇三姐的公婆一向被小薇视作比较"怂"的人，才50多岁，除种点菜地之外就不干活务工赚钱了，两公婆还争相在麻将桌上过日子，每年要欠下几千上万的打牌赌资。小薇三姐夫妇每年要向父母支付两三万元的生活费用。父母不争气，会给子女带来很大压力。这在当地是正常现象，父母不劳作不再为子女做贡献，子女出钱养父母却天经地义。当然，有本事的父母则希望给子女多留一些财富，但这不是硬性的任务。一般的父母认为，既然自己没有好的技术，又不是老板，再怎么干也赚不了多少钱，还不如不干，以免为了赚几个小钱把身体给拼坏了。他们和子女都认为，把身体养好，不生大病花大钱，修身养性就是对子女最大的支持。于是他们不再多干活干重活，生活就比较悠闲。尤其是中年妇女，因为不外出务工，带带孙子，弄完花生之后没事了，得玩着花样将这些闲暇时间给消耗掉，外出逛街购物K歌是比较好的选择。

三

　　孝昌农村家庭之间竞争的表面化，在当地妇女身上也表现得淋漓尽致。中年妇女是农村中在村时间最长，也最活跃的群体，是村庄社会交往的主体。年轻人和中年男子大多在外务工或做生意，相互之间的交集较少，而中年妇女在村庄中的交集很频繁，她们相互比较后代买房买车之外，最在乎的就是自己的穿着打扮、逛街购物和打麻将。自己的形象是家庭的门面，形象不好意味着家庭没有搞好，形象越好，在妇女群体中就越有面子和底气。即便老公和子女没有赚多少钱回家，自己的形象也要让人看起来觉得一家人过得蛮好。妇女在一起打牌聊天的内容都与子女条件、家里状况有关，比如今年买了什么衣服、明天要买什么化妆品、这次女儿买了项链、那次媳妇买了鞋子等等，她们面对面吹嘘，相互比较。总不能把自己比下去，甚或要比人家强。她们见到从外边回来的村里人都会指指点点，看人家的穿着和行走工具，如果人家从外表上看起来"混"得不好，她们就会嘲弄。这种状态会给当地每个人带来压力。外出务工回来的人如果没有豪车，就可能借人家的豪车开回来。在小薇娘家，每到过年的时候，小薇的母亲看到其他妇女穿貂皮大衣时，会跟四个女儿说这个事情。小薇有几次和二姐合买了貂皮大衣给母亲，母亲穿着衣服到外边去打麻将，炫耀说这是二女婿、四女婿买的。

老公或后代赚的钱越多，家庭条件就越好，中年妇女在村庄里就越能嘚瑟得起来，在外表上下的功夫就越足。家里没钱的中年妇女跟其他有钱的妇女在一起虽然有压力，但为了不让人家看扁，也要尽量在外观上保持光鲜亮丽。

中年妇女在村庄里还相互比较打麻将。一个村庄有多个麻将室，麻将室为了捞生意，会给在村里的人打电话邀客。如果打几次电话都不去打，麻将室老板就会到家里来喊。既然人家打电话叫你去打了，说明人家是看得起你，你也会有面子。不经常被叫去打麻将的人会有失落感，会感到没面子和有压力。为了面子，这些中年妇女就得去打麻将，没有钱也要打肿脸充胖子。在麻将室打麻将有打大的局，也有打小的局，但一般不会打最小的（只有七八十岁的人才打小的好玩）。越是打大的，输赢就越大，打牌的人就越有成就感。当地的子代也乐意自己的母亲经常上麻将馆玩，输赢不是问题，关键是她们能在麻将馆打麻将，也说明了子代孝顺，经济条件好，能够支撑母亲打麻将的输赢。另外子代还认为，打麻将可以活动筋骨，不易得老年痴呆。

许多中年妇女为了打麻将，将小孩都带到麻将室去，然而一旦进入状态，就顾不上照看小孩了。香花村有一个中年妇女打麻将忘了照顾孙子，孙子跟其他小孩在水塘边玩时掉进去淹死了。小薇三姐家第二个儿子一岁多的时候放在外婆家带，小薇的母亲喜欢打麻将，小孩就丢在麻将桌旁。小孩觉得无聊，后来只要进麻将室就扒着门死活不愿意进去。

以孝昌为例，农村的面子竞争之所以十分表面，讲面子不讲里子，一方面是当地农村社会竞争与攀比之风很激烈，另一方面父代对子代的责任感不重，所以竞争的标的物没有与父代的人生任务挂钩，当地农民也就不会在子代婚姻、建房、就学等方面展开竞争，而只在一些有显示度的外在方面进行比较和竞争。竞争越激烈，竞争的标的物就越是外显化和表面化。

孝昌一些中年妇女好面子，家庭负担不重，手里又有余钱和有闲暇时间，在即便家庭条件不太好的情况下，也能过上"有钱有闲"的城市小资妇女的生活。

农村留守妇女不弱势

武汉大学李翠玲老师是人类学者,在孝昌县李村入户走访,跟留守妇女访谈,观察她们的闲暇生活和社会交往。她发现这些留守妇女并不符合媒体和学者笔下哀怨四起的弱势群体的形象。留守妇女有自己的家庭、交往和闲暇生活,她们是农村最有活力的群体。我们在全国各地农村调查走访时,也确实没有感受到留守妇女本身是一个突出的社会问题。

一

既有报道将留守妇女作为问题进行想象,主要表现在这几个方面:一是留守妇女身体和情感长久得不到慰藉,对她们的身心健康不利;二是留守妇女的政治参与和政治权利得不到保障,政治效能感比较弱;三是留守妇女的身体、财产、土地等容易遭受侵害;四是留守妇女在家庭关系中处于无权地位,在家庭矛盾中容易受到伤害;五是留守妇女的个体性和主体性容易遭受强势群体的倾轧而难以彰显。这些问题看似很有道理,但经不起经验的检验。农民的政治权利意识和权利维护等与留守不留守没关系,大部分农村妇女本来就不关心谁担任村干部,她们在意的是谁能够为她们修建跳舞的广场。

这些问题的设置,皆源于西方学术所关心的话题,与中国社会的经验关系不大。在西方社会个体化的思维方式中,留守妇女被当作孤零零的个体对待,会遭受来自强势个体或组织的侵害,个体的力量也无法阻挡孤独的入侵和无法满足其对社群生活的渴望。对此的解决办法是将妇女组织起来,建立如"妇女之家"之类的组织,以满足她们的各种需求,维护她们的正当权益。在许多地方,一些非政府组织都在干这个活,但是最终"妇女之家"都会被农村妇女改造成麻将室、腰鼓队和广场舞。这种改造是基于农村妇女自身的需求和集体主义的思维。

留守妇女不是单独的个体,她们是嵌入家庭、家族和村庄熟人社会之中的。对留守妇女的考察要有集体主义的思考方式。留守妇女确实面临着一些问题,但不是个体主义思考方式所想象的那些。

二

我们在贵州镇远农村调研时发现,当地农村年轻妇女并不愿意跟随丈夫到外地打工,即便出去了也很容易找理由回到村里来。其中一个原因,是该地区二三十岁的妇女文化程度都不高,外出打工怕迷路走丢。还有一个原因是这些妇女想家里的小孩,小孩在电话里哭了,在外务工的母亲就会千方百计地赶回老家。所以她们每年外出的时间不长,也赚不到钱。一对30多岁的年轻夫妇,有一对十几岁的儿女,按说父母完全可以放心外出打工。但是妻子出去几个月后就回来了,说是想家里的小孩了。妻子回来了,就得在家种地、照看小孩和公婆,这些事情本来是公婆可以做的,但是年轻妇女回来之后就得由年轻妇女来做,她一个人又做不下来,那么她的丈夫也得回来。回来后两个人都没有工资收入,只能被纳入精准扶贫对象。两个壮劳动力就被束缚在家庭里。

即便年轻男子不回村,年轻妇女也能够在村里生活得较为惬意,丝毫不会变成"幽怨"的留守妇女。因为她们除了要照顾小孩和公婆外,还有一群小姐妹。小姐妹们在一起织布聊天、一起去赶集买东西。受访对象说,她们从打工地返回老家是为了照顾小孩读书,但是她们却不会管小孩读书和教小孩知识,而是任由小孩玩耍,自己则跟小姐妹们在一旁说笑。贵州的这些年轻妇女是主动留守的。对于她们来说,留守在村落里比跟着丈夫在外打工更自由。她们丝毫没有抱怨留守,丈夫虽然不在身边,但是身边有小孩、有老人,还有小姐妹们,足可驱逐她们身上的寂寞,填满她们的时间,也可以让她们有足够的安全感和归属感。

在孝昌农村,年轻妇女留守有两种情况。一种是在怀孕期间和小孩出生后两三年内的短期留守。小孩出生后要母亲喂养,年轻妇女的主要责任就是照看小孩,公婆也不会让她们干其他的活。受访的公婆说,他们现在都把媳妇供着,从不让她们做任何事情,什么都依着她们。所以,婆媳之间也很少闹矛盾,即便闹矛盾也多是婆婆让着媳妇。另一种情况是小孩读初中高中,年轻妇女需要在家照看小孩的饮食起居。年轻妇女在照顾小孩之余，还会种点旱地，闲暇时间跟人聊天、打麻将，晚上到广场上跳广场舞。农村兴起的广场舞不仅有五六十岁的大妈群体，还有二三十岁的年轻媳妇。

农村留守妇女除了打麻将、跳广场舞之外，还有更广泛的活动。（1）走人情。农村青壮年男子务工之后，剩下的就是"386199部队"，其中老年人不再参与人情往来，就得留守妇女代表家庭去走人情。农村吃酒席的有很大一部分是留守妇女。（2）一起干农活。我们调研的时候正值村里摘花生，农村留守妇女将花生扯回家之后，就在一起摘花生。既可以是大家合伙帮一人摘，也可以是邻里三五成群在一起摘，边摘边聊天。（3）串门。留守妇女之间的串门比较多。调查时经常看到留守妇女端着碗到人家家里去吃饭聊天。（4）散步。农村基础社会建设都逐步完善，水泥路遍布农村，傍晚行车少，许多年轻留守妇女就结伴带着小孩一起散步，既锻炼了身体，又联络了感情。

我们调查的李村之前没有广场，想跳广场舞的妇女开始是在一家的院子里跳，后来人多了，院子小了，她们就向村书记建议在村里修一个广场。村里就在村部修建了广场，周边数里之外的妇女都到广场上跳舞，有的甚至骑着电动摩托车带着小孩过来。妇女们又发现广场小了，便继续向村里建议修大广场。村里正在琢磨这个事情。香花村的村部广场比较大，足有两亩多地，傍晚跳广场舞的人特别多。不跳舞的则在旁边休息。跳广场的大妈带着孙子过来，年轻留守妇女则带着自己的小孩过来，使得村部广场到傍晚时就很有人气。一些卖烧烤、玩具、小吃的摊贩会推车过来叫卖。这严重增加了这些妇女的负担，因为一个小时一个小孩就要消费二三十块钱，她们就向村里建议驱逐这些摊贩，村里采纳了她们的建议。这说明留守妇女有主张自身权益的能力。

三

留守妇女是嵌入农村熟人社会的社会结构之中的。该结构由几个部分组成。一是家庭。留守妇女要担负家庭的责任，包括抚育和照看小孩，照顾老年人，以及耕种责任田等。家庭责任需要调动她们的劳动力、时间和精力。在家庭结构中，年轻妇女的地位和权力已超越了中老年人，她们成了家庭的主导者。二是夫姓家族，在孝昌被称为亲房本门。亲房本门内的留守妇女之间有较亲密的社会关系，相互之间也有一定的权利义务关系，比如互助，以及参与亲房本门酒席时帮忙的义务。三是村落熟人社会。村落熟人社会的主要特点，是熟人之间信息对称，相互了解相互熟知，促使相互之间既讲究面子情谊，又相互比较和竞争。留守妇女在熟人社会中可以得到帮助，也可以获得面子和荣耀感。

总之，熟人社会结构可以满足留守妇女的以下需求：一、交往的需求，熟人社会的交往相对密集，包括串门、打牌、散步、跳广场舞、互助、人情等，每一个场合都有密集的交往，留守妇女不会产生孤独感；二、精神的慰藉，熟人社会相对亲密，与小姐妹及家族里的其他留守妇女之间可以相互倾吐，相互安慰、舒缓情绪；三、闲暇的需求，当前农村劳动机械替代率较高，年轻留守妇女也较少干体力活，因此她们的闲暇时间较多，农村熟人社会中许多的社会活动都能够让留守妇女有效地度过闲暇时间，现在主要的活动是打麻将和跳广场舞；四、价值的需求，留守妇女参与农村熟人社会中的人情往来和面子竞争，能够在其中获得意义感和价值，甚至打麻将的输赢都会给她们情绪带来波动，她们梳妆打扮也是为了获得他人的赞许；五、安全感的需求，村庄是熟人社会，农民有相互帮助相互提携的责任和义务，留守妇女置入其中，不用担心他人的欺负和驱赶；六、归属感的追求，农村妇女对归属感有着较执着的追求，家庭、家族和村落都是较为紧密的社会关系，留守妇女在其中只要遵守它们的规则、履行相应的义务，就能够在其中获得归属感。

四

对于农村留守妇女而言，摆在她们面前的不是孤独和寂寞，不是权利丧失和被侵犯，也不存在传统宗族结构对她们的歧视和打压，真正的问题是她们在交往、精神、闲暇、价值、安全、归属等方面的需求能否更好地得到满足。要更好地满足她们的需求，需要两个基本的条件，一个是公共基础设施，一个是公共文化活动。基础设施就是活动的地方场所，以及相关的设备——跳广场舞需要广场、音响、道具和领舞的人等，秧歌队的道具就更复杂一点。公共文化活动就是活动的形式。现在农村的公共文化活动形式还是较少,主要就是打麻将和广场舞。在广场舞兴起之前就只有打麻将一项,非常单一。如何创造适合农村留守妇女的文化活动形式,是基层治理的重要课题,也是留守妇女问题的真正问题。

一个农村年轻女性自杀的个案分析

孝昌县某镇香花村八组的刘组长今年65岁，当了十年的小组长。刘组长以前在家种地，偶尔在附近打零工。这三四年要带孙子，他就没有外出打工了。2018年大年初四，小儿媳妇跳水自杀后，他和老伴主要负责带小儿子的两个小孩。

一

刘组长有三个儿子。大儿子1979年生，快40岁，买了个货车在本地搞运输。由于本地不缺货车，一年收入只有五六万。在三儿媳妇出事之前，刘组长给大儿子带小孩，大儿媳妇在外打工（现在则在家带小孩）。二儿子1981年生，在本地给别人开车，一个月的工资在3000元左右。二儿媳妇在一家幼儿园上班，一个月1000多元的收入。二儿子家有一个女儿，10多岁了，原先由老人带着，现在也由二儿媳妇自己管。刘组长的小儿子这年28岁，小儿媳妇26岁，有两个儿子，大的6岁，小的两岁半。

三个儿子在婚后都分了家。分家时只有两间瓦房和一间平台，三个儿子商量，瓦房给大儿子和二儿子，平台给三儿子。

前两个儿子由于结婚比较早,婚姻花费都不大。小儿子结婚时花了上10万块钱,其中5万元是彩礼,女方没有将彩礼返回,其余是办酒席所花。刘组长的小儿媳妇是黄陂人,跟小儿子是在网络上认识的,结婚之后生了两个小孩,一直在家带小孩,没有外出打工过。老两口对小儿媳妇好,村里人都知道。

小儿媳妇个性强,经常跟小儿子吵架。吵架主要是经济原因。小儿媳妇没有上班,但是一家四口的花费却很大,尤其是大孙子上幼儿园之后,花费剧增。这年小孙子也上幼儿园了,两个小孩的学费和开销一年就要七八千。这对于一个只有一个劳动力赚钱,却有四个人消耗的家庭来说,压力着实很大。雪上加霜的是,小儿子虽然在附近建筑工地上干活,做模型,按说属于手艺活,工资不低,但是因为这几年行情不好,经常工程做到一半就停了,拿不到工钱。再找下一家又要花费一定的时间,做到中间工程又因故停了,于是小儿子这几年都没有赚到钱。刘组长说他儿子运气不好,称在建筑工地打工需要运气,运气好就赚得到钱。因此,一家四口这几年的开支都是向兄弟姐妹、亲朋好友借的,欠下十几万元外债。小儿媳妇是个性要强的人,作为青年女性平时穿着打扮、涂粉化妆都需要开销。结婚五六年,小儿媳妇似乎看不到小家庭改善的希望,外债却越来越多。为经济问题,两口子频繁吵架。

2017年上半年小两口吵得非常厉害,两人为此离婚。离婚后两个小孩留在男方家里,由刘组长老两口看着,儿媳妇则回了娘家,在武汉打了三四个月的工。下半年的时候,小儿媳打电话给小儿子,说想小孩了,想回来。小两口又说上话了,谈到复婚的问题。女方的父亲打电话给刘组长，要刘组长去接小儿媳妇，算是给小儿媳妇一个台阶下。本来还提了赔点钱的事情，但是刘组长没钱，女方那边考虑到两个人的担子就算了。复婚后小儿媳妇也没在家待着，而是外出打工两个月。刘组长说，之所以会再闹出事来，是因为打工把小儿媳妇的心给搞野了。

到腊月底临近过年的时候，小两口又吵得很厉害，估计是为过年的事情。小儿子这一年过年都没有钱，连给小儿媳妇买衣服的钱也是从信用卡上支取的。腊月二十几，两口子一直没有出门。小儿媳妇在家憋气不出门，小儿子就陪着她，怕她想不开。到正月初一左右，两人已商量好等年过完后民政局上班了就离婚。

正月初四那天，两人吵得很厉害，可能与这天小儿媳妇想回娘家，娘家父亲不允许有关系。刘组长看到小儿媳妇好像不正常的样子，只能说儿子。那天下着小雨，小儿媳妇将床单、被子都丢到门外，小儿子拦着，丢了就捡回来。刚好刘组长从门口路过看到了，他把丢了的被子床单抱回去，还说了小两口一下。到了晚上，刘组长给孙子洗澡后，小儿子就将孙子抱回去睡觉了。等小儿子把孙子的衣服裤子脱了准备睡觉时，小儿媳妇又把没有穿衣服的小孙子丢到屋外。小儿子只好去叫刘组长过来。刘组长过来要抱起小孙子，小儿媳妇不让抱，发生了一点争执，刘组长才把小孙子抱走。晚上8点左右，小儿媳妇往屋外走，小儿子紧跟着。小儿子说，你回去，紧闹干什么。小儿媳妇往塘里跳，小儿子没拉住，也跳进去找人，但由于塘里有莲藕，约莫找了二十分钟才将人找到。拉上来给小儿媳妇做了人工呼吸，也没有抢救过来。刘组长说小儿媳妇跳水自杀与老人一点关系都没有，这点可以到小组其他人家去问。

过后，小儿媳妇娘家来了五六十人，至少三十多人住宾馆。娘家那边要求做尸检，但是小儿媳妇身上一点伤都没有，后来谈妥没有做。但那边又要求买墓地，花了3万多元。包括安葬费在内一共花了十几万元，把刘组长存下来的三四万元也都花光了，小儿子过年时花的信用卡的卡债还是大儿子还的。

现在刘组长老两口就与小儿子一家三个人合在一起住了，小儿子依然在本地务工。之所以没有外出务工，刘组长的解释是，有两个小孩在家，有些事情老两口做不了主，比如上医院、上学之类的。

二

这个案例有以下几点值得注意：

一、经济状况得不到改善带来夫妻矛盾，而经济状况之所以重要，背后又与当地村庄激烈的社会性竞争有关系。当地父代对子代的支持不是硬性的，刘组长能够给子代结婚花上10万元属于非常合格的父亲。婚后不再为子代输入资源也是当地的共识。所以，家庭参与村庄竞争的主要责任和压力落在了年轻人头上，而竞争的主要标的物是"赚了多少钱"，能够显示赚钱多少的就是买商品房和小汽车，抑或是吃酒席、打大牌。刘组长的小儿子这几年不但没有攒钱买房买车，还欠了十几万的外债，在竞争中自然就处于弱势地位。这对于个性要强的年轻儿媳妇来说打击非常之大，刘组长的小儿媳妇看不到希望。

二、在年轻女性看不到家庭发展希望的情况下，当下的年轻女性的选择更多的是离婚，而不是自杀。在20世纪八九十年代，离婚还不流行，甚至是丢脸的事情，对丈夫和家庭绝望的女性因而多选择自杀，或者通过自杀来威胁丈夫和公婆听从自己的。现如今离婚成为农村正常现象，农民对它的看法不再有过多的价值判断，这对妇女来说不啻于一种解放。农村妇女在夫妻感情破裂，对丈夫不满意、对家庭发展无希望的情况下，可以选择离婚找更好的对象再嫁。刘组长的小儿媳妇在对丈夫绝望之后就选择了离婚。只不过小儿媳妇一是想念自己的两个儿子，二是对丈夫还有感情，因而没有立马找人再嫁。在当前性别比严重失衡的情况下，离婚对年轻妇女的利好要多些，而离婚后的男子再婚就比较难。

三、农村年轻夫妻矛盾在年节的时候爆发较为激烈，与年节期间花费比较大、人际交往比较密集、相互比较与竞争较为激烈有关系。孝昌农村有两个节日比较隆重，一般外出务工人员都得回家，一个是春节，一个是清明节，该自杀个案就发生在春节期间。一方面，各个家庭的花费都集中在春节，包括购置年货、给小孩发红包、给老人生活费、打牌费用、走人情费用、购置衣物和家庭用品等，这些看的是你口袋里有多少钱。另一方面，村庄各色人等都密集回村，开车、穿着、打牌等都是看得见的，当人家开着好车、穿金戴银回来，到牌桌上一掷千金，而你却囊中羞涩，你是什么心态，别人又是怎么看你？再一方面，此时亲朋好友相聚最密集，相互吹嘘和比较最密集，各种信息交汇也是最密集的，而孝昌当地又是亲朋之间都能够在台面上比较的地方,这个时候对于落后者来说凸显的是自己的渺小和无能。刘组长的小儿子和小儿媳妇就是处在这种氛围之中的落后者,自然会感受到巨大的压力。小儿媳妇将这种压力转化为对丈夫无能的抱怨,并对家庭前景越来越感到渺茫,由此导致对丈夫的绝望。

四、小儿媳妇娘家拒绝了她回娘家的请求是压垮骆驼的最后一根稻草。小儿媳妇只要待在孝昌这个竞争非常表面化的氛围里,就会感受到剧烈的压力。她一刻都不想再承受这种压力,因而即便离民政局上班只有三天时间,她也不能再等了,想赶紧逃离这个压力无比的环境。但是这个时候,唯一的去处娘家也对她关闭了大门,她逃无可逃,便在绝望中选择了自杀。

三

农村女性对比较与竞争最敏感,但是她们参与村庄的比较与竞争又依赖于丈夫,包括丈夫的智慧、能力和勤恳等。一旦丈夫的这些禀赋不能使家庭在竞争中胜出,女性就会将之怪罪于丈夫,进而与丈夫发生冲突。若看不到改变的希望,女性就可能抛夫弃子另觅能者。现在大部分年轻女性选择的是这个路径,只有少数像刘组长小儿媳妇那样,选择自杀。

该案例中的自杀在农村已属个例,但是其背后的逻辑在包括孝昌在内的许多地方仍然存在,只不过不再以"自杀"为结果表现出来。

五 乡土社会往哪变化?

熟人社会在陌生化

根据贺雪峰教授的观察，中国农村正在从熟人社会向半熟人社会转变。半熟人社会有两重内涵，其一是信息层面的，讲的是农民之间由于交往距离和交往频率的问题，一个村里的人也只是半熟悉，相互之间不再知根知底。其二是规则层面的，讲的是农民之间虽然相互熟悉，但在交往中不再遵照熟人社会的行为逻辑，不再讲究人情面子，不再讲究血亲情谊，也就是交往规则变了。规则层面的半熟人社会化，在社会结构中，就是自己人"外化"与熟人社会"陌生化"。

一

"自己人"的认同意味着，即使不情愿将某人当作自己人，这个人也是"自己人"，潜意识里就不能将这个人排除在"自己人"圈子之外。"自己人"的范围，是一种超出个体的地方性知识，这类知识构筑着人们的身体无意识和村庄人脉关系的认识组合，不以个体的情绪意志为转移。谁是"自己人"，谁是"外人"，在村庄的地方性情境下定义。当村庄社会结构发生变动时，人们对某一事物评价和看法的新共识也将达成。某段时期内，地方性知识认定某些人群是"自己人"，其他的人是"外人"，在另外的时期，之前被认为是"自己人"的一部分人群可能被排除出这个行列而成为"外人"。村庄"自己人"是拥有共同血缘的人群，最为理想的是家族，"自己人"首先是个血缘认同圈。

在河南农村调查，问及人们对村庄中不孝顺等违背基本伦理规范的越轨者的态度，我们听到最多的词汇是"当着面"与"背地里"，即当面说人家的不是，矫正思维和行为的错误，以及背后议论、戳人家脊梁骨，形成村庄舆论，给人以压力。但是人们又补充说，"以前看不惯的有人说，现在都不说了"，就连一批较为恶劣的子媳将老父母赶出家门去打工、"看果园"，人们的普遍态度也是"不说了，怕得罪人""不好说，说不上来，没标准了"等。

在村庄中，"当着面"说的是自己人的事，即为了当事人好，也为了"自己人"在村庄中的整体形象，要对自己人中的越轨行为和越轨者进行说服教育。说"自己人"的不是，有着地方性规范支持，说话的人无须承担任何风险，而当着面说"外人"则很可能要承担事后的风险，一般人不敢说。因此当人们"当着面"说的人群范围缩小的时候，就等于是"自己人"认同圈在减小。"当着面"说的范围从以前的整个家族都敢说，慢慢地收缩，到许多人不再敢说自己家族里的人，普遍能说的变成了兄弟和堂兄弟的联合，只有在一个小亲族之内人们还能够理直气壮地说，有的家庭连兄弟也懒得说，怕对方"生气"。

"背地里"说的是人家的事,讲的一般是闲话,故被认为是说人家的坏话,一般不会牵扯到自己人身上。如果将"自己人"视为一个圆圈,"外人"在"自己人"认同圈之外,外人范围的扩大则说明"自己人"认同圈在减缩。背地里说人家的事情当然也要承担风险:说法和说话的人透过"传声筒"被传到当事人耳边,从而促成当事人与说话者的直接对话。这个"传声筒"最大可能就是当事人的"自己人",所以一般情况下,只要有被普遍认为是当事人的"自己人"的人在场,人们就不会去冒险说当事人的事;而在场的当事人的"自己人",自己也会觉得别扭,"说我自己人的事不就等于是在说我吗",因此从内心来讲他有责任、有义务,也有压力将听到的话转告给当事人。究竟谁是当事人的"自己人",谁是"外人",这在地方性知识中最为明确,因此拥有地方性知识的人们在"背地里"很容易分辨出在场的人与当事人的真实关系,他们会先判断现场出现泄密人的几率有多大,然后再决定说不说人家的事。

"背地里"的变化,是其由外向内不断地侵蚀"自己人"的认同圈,不断地挤压"自己人"的认同空间。因为当事人的"自己人"圈子萎缩,在场的"自己人"的可能性变小,背后谈话被说出去的风险也就越小,于是背地里说人家的事变得越来越无所忌讳,公共场所的话题也越多越开放。之前可能一有当事人的家族人在,人们对家族人能否保守秘密有所顾虑,就会主动规避风险,终止话题。而随着家族认同弱化,家族一致行动能力越来越弱,家族里较远血缘的人们逐渐不被当成"自己人",这种心理的不认同通过生活的实践和不断的回避成为村庄的一个共识,即某人与某人即便是一个家族的,也不再是"自己人"。依据此共识,背地里即使有当事人的家族人在,也可以判断其不是当事人的"自己人",可以大胆地说出当事人的事而用不着遮遮掩掩,而家族的人亦在内心没有任何芥蒂和内疚的情形下积极热烈地参与讨论,因为大家说的不再是"自己人"的事。家族的人在潜意识里就没有把这个家族里的当事人视作"自己人",没有把他的事当成自己的事,而是已经将他当作彻彻底底的"外人",把他的丑当成家族的"家丑",与外姓的人一同在编织着当事人的话题,使公共场合活跃起来,否则就会沉闷。

当村庄社会结构进一步松动,"自己人"的认同圈子就越发萎缩,"自己人"不断地"外化",成为外人。不仅血缘很远的家族成员逐渐地被新地方性共识确认为"外人",而且血缘较近的人也会慢慢被视为"外人"。"自己人"的范围缩减到了个体家庭,背地里谈论的话题也越发接近个体家庭的私生活,除非有家庭(联合或直系)成员在场,使话题无法延伸至其家庭,其余任何人在场都可以使话题接续,五服成员、堂兄弟家庭成员都不再是信息、情报的透露人,而是畅所欲言者。甚至关于亲兄弟家庭的话题也成了公共生活的话题之一,人们在这样的场合"看兄弟的笑话、说兄弟的坏话"。联合家庭也难以担任"自己人"认同圈的角色,"背地里"说的对象紧逼直系家庭。这样,个体家庭成为村庄"自己人"的最后也是最小的堡垒,再往下就是私立的个体,但现在尚未出现这种情况。

"当着面"说自己人,"背地里"说人家的事。"当着面"与"背地里"是此消彼长的两极,是两面一体。当着面说的圈子越小,背地里说的范围就越大,相应的逻辑发展是"自己人"的认同圈压缩,"外人"的群体扩大,此乃整个农村的发展趋势。"自己人"认同圈的内部关系是不问理由、不讲利害、无须推敲、只能承受的天然联系,是人们对血亲关系自然的和文化的认同。而"自己人"与村庄"外人"则构成另外的关联模式。当"自己人"认同圈缩小,"外人"的范围扩大时,实际上是自己人的"外化",是某些人从"自己人"认同圈里被排除出去。"自己人"与被排除出"自己人"认同圈的人的关系,从之前的天然血缘关联转变为其他的关联模式。在"自己人"认同圈中,人们的关系无须自身的主观努力就能保持和维系,是一种天然的关系,用不着刻意去追逐,如堂兄弟、兄弟就是自己人,相互之间要承担权利和义务关系。而一旦建立了新的地方性共识,这种关系被解除,二者不再被天然地关联在一起,那么二人的关系就需要他们的主观努力去建构,需要刻意维系关系方能持续,如通过人情往来、合作互助或者利益交换等方式。

二

在传统的村庄生态中,有三套规则在规范着人们的交往行为。其一是"自己人"内部的交往规则,如家族内部的交互作用规约体系。"自己人"认同圈内部有着共享的历史感和情感体验，对共同血缘的认同超越了其他一切认同对象和认同模式，要求人们以血亲情谊为最终的依归和处理日常事务的旨趣，将每个人都当成自己，将他的事情视为自己的事情，将与他的关系认作内部关系。

其二是熟人社会的交往规则，即村庄中自己与"外人"的交往准则，理想上是处理不同姓氏之间的规则体系。它较"自己人"认同圈的交往规则要松散得多，没有那么严格保守，讲究的是"人情"，而人情较"血亲"要淡得多。它通过互送人情的交往关系来达成，而人情具有长远的预期，目的是将已有的"关系"延续和强化下去，使村庄具有人情味，并通过人情往来凝结成一个紧密的伦理与功能共同体，满足人们社会性、伦理性和功能性的需求。

第三套规则是针对陌生人的，是与熟人社会之外的人打交道的共识与规范，注重的是利益算计的最大化，双方以利益为连接纽带。在村庄内部，陌生人是不受保护的，对待陌生人可以理性算计。每个村民都熟知三套规则体系的内涵及其应用的对象，在与不同的人交往中恪守不同的规则。

三

与自己人"外化"同步发生的另一村庄社会现象是熟人社会的"陌生化"，它既表现为村民从相互知根知底到相互生疏，更意味着陌生人社会的交往规则被带入了熟人社会中。

自己人"外化"同时带来了交往规则的变化。一方面是之前用"血亲"的规则内涵与"自己人"打交道，外化后则须用"人情"的规则交往，个体之间的交往规则和方式以及相应的一系列伦理、道德规范也随之变化。另一方面，自己人的范围在不断地萎缩，从家族到联合家庭，最后压缩为个体家庭，血亲的规则只能运用于家庭内部，超出家庭之外就不再适用，造成的结果是血亲规则及其背后的伦理体系退出村庄生活，村庄生活的伦理色彩淡化。村庄从此缺少了血亲这一伦理层面的规范，此规范也将难以统合和规约整个村庄。

在熟人社会这一层面，即整个村庄中，熟人之间出现"陌生化"，熟人变成陌生人，其交往规则也相应地变化，人们之间的关联不再通过人情，而是通过现实的利益纽带来维系和强化。越来越多的人不讲人情，不讲面子的现象在村庄内部迅速蔓延。每个人都依据利益最大化的原则与他人交往，不再顾及以往的人情、交情乃至亲情。这样，村庄的人情味越来越淡：一方面，在村庄中无利可图的人，就不与之交往，村庄的交往被利益算计稀释，越发罕见，表现为串门的少了，公共生活少了；另一方面，有利可图的则利益纷争渐长，村民之间锱铢必较、分利必争，在利害面前绝不手软，耍尽阴谋。

自己人"外化"与熟人"陌生化"是两个相伴而生的社会变迁过程，二者作用的结果是村庄的交往规则最终摆脱"血亲情谊"和"人情面子"的束缚，走向以利益算计为旨归的共识规则体系，这意味着村庄共同体性质的变化。在我们调查的许多农村地区共同体被新的规则体系逐步肢解，人们因为无须顾及"自己人""熟人"的情面,无须在意自己、家庭在村庄中的面子和声誉,就很容易肆无忌惮地倾轧他人,占他人的便宜,对弱者进行奴役和驱使,对强者则阿谀奉承、讨好巴结,结成功利性关联。

从村庄纠纷性质的转变可看出人们所受"外化"和"陌生化"的影响。村庄"接触性纠纷"因为人们接触的机会变少和空间变小而逐渐减少,日常性的"口角""骂街""埋怨""数落""指摘"等需要密切交往接触才能发生的争执在村庄中日趋衰微,村庄中已经很少再见到这样热闹的场面。接触性纠纷的减少是人们"外化""陌生化"的直接、表面的结果,隐藏在自己人"外化"、熟人社会"陌生化"背后的是村庄延续数百上千年的生活、生产和交往规则的更迭,而这一更迭直接导致了村民的人身、名誉、财产等"侵害性纠纷"的增加。

传统仪式在衰弱

在诸多礼仪中，丧葬礼仪与人们的生活有着密切的关系。在农村丧葬礼仪中，主持仪式的"管事"是主导角色，他们在整个过程中不仅要与鬼神对话，还要同生者打交道。他们可以被看作农村传统文化、伦理、精神的象征和载体，农村传统的"活化石"。然而我们最近在河南农村调查掌握的情况是，红白事的主持出现了严重青黄不接的现象，许多"管事"后继无人，传统及其背后的意义在农村以前所未有的速度凋零。

一

崔桥村的丧葬礼仪保存得相对完整，家族里的尊长或族长是家族里红白事的"管事"，整个仪式由他们主持完成。数十道仪式都由管事亲自主持操办，因为只有管事才真正懂得其中的奥秘和玄机。仪式过程中有相当多的规矩、禁忌和话语，很是复杂缜密，一般人的记忆中根本容纳不下如此丰富的内涵，一个普通的旁观者更无法理解和控制。就连最基本的鞠躬的说辞也不是谁都能顺口说出来的，正确的是"一鞠躬，再鞠躬，三鞠躬"，而学舌就变成了"二鞠躬"。

普通人弄错了也可以不以为然，但在管事那里"细节就是大事"，稍有不慎就会酿成大谬，贻害无穷。因为管事直接与鬼神打交道，是仪式中少数能够"通灵"的人，他在仪式中的每一个动作、每一个表情、每一句话语，甚至唇语或心语，都是在与鬼神对话。如果出现差池，鬼神可能会怪罪下来，于是就会有人遭晦气，受到鬼神的惩罚。这是农民对某些禁忌的忌讳，也是他们一贯的思维逻辑，即将毫不相关的两件事情强扭在一起，说成因果关系，由此解释事情的前因后果。

在这样的思维逻辑和信仰体系中，农民对许多仪式过程中的细节、话语、禁忌，以及某些措施都很在意，生怕在某处出现差错，犯了大忌。在丧葬仪式中尤甚。丧葬与其他仪式不同在于要直接面对鬼神，在鬼神眼皮子底下办事，所以对禁忌的要求要严格得多。所以许多管事的在仪式中都是胆战心惊，但又必须聚精会神，精神高度紧张。譬如，在送葬的过程中有"路祭"和"顶祭"，此时棺材前面不能见人，管事的得负责清理、开路，否则会遭神谴，冲淡了风水。

另外，当地有"三里不同俗，四里改规矩"的说法，不同的村庄可能有不同的丧葬习俗，因此别的村庄的人来吊丧时就可能出现礼仪冲突，闹出麻烦或笑话。为了不出现这样的事故，管事在接待不同地方的吊丧者时须陪伴左右，一项项地告知当地的规矩。这种场合尤其不能出现漏洞，因为明显的漏洞很可能导致围观者不经意的笑话和冷眼，使原本严肃而沉重的场面变得轻薄，这既是对鬼神、祖先、亡灵的亵渎，也是对主家的不敬。

因为丧葬仪式繁琐、禁忌颇多，主持仪式这个角色非一般人能够承担得起。我们在调查中发现，许多自然庄、小组和家族的仪式主持人都经过了五到八年（有的长达十多年）的正规训练才担当重任。崔桥村王盘自然庄的孟富贵在年轻时被其叔叔和家族里一个老人领在身边学了上十年后才亲自上阵，以后一干就是二十多年。这就是说，丧葬仪式中许多的禁忌、礼节、细节、身体语言和其他细微之处，一般人只能看出个皮毛，说出个大概，无法确知其中的许多禁忌和要领，不能跟鬼神直接交流；入门者需要懂行的人手把手指点、密授，经过十多年的摸索实践才能够完全掌握。因为管事如此不可或缺，他们一般在家族和村庄中享有崇高的威望。

二

管事在仪式中除了跟鬼神打交道外，还得跟人打交道，后者的重要性也不亚于前者。管事不仅要安排整个丧葬仪式，还得安排人办事，如报丧、记账、购物、接待、抬丧等，这些事情很复杂，也需要管事逐一解决。

与人打交道不像与鬼神打交道，有个固定的轨迹和程序。人是活的，如何安排、安排谁都得考虑清楚，视情形而定，需要管事有极高的组织才能、威慑力和变通能力。同时，丧葬耗多长时间，管事就得在主家待多长的时间，酷暑的时候跟主家一同忍受炎热，严冬的时节则与主家感受冰天雪地。这需要意志、耐力和付出的精神。崔桥李庄一个老会计的父亲去世，正值酷暑大热天，管事和主家已经煎熬了两三天；这天未过午，就要抬棺出去的时候，天下起了暴雨，原先安排好抬棺的人都撤回自己庄稼地里抢收棉花去了。但当地习俗是抬棺不能过午，因此得临时找人，主家急，管事的更急，因为他又得磨一次嘴皮子去差人。

除了安排人这样的事得逐一办妥，其他的事情也得谨慎小心，稍不注意就要忍受背后的风言风语。比方说，管事操办整个事情，花多少钱、办得好坏，都得把握住度、捏拿分寸，既不能办得太奢华，以免主家认为浪费，"不是花自己的钱不心疼"，也不能做得太谨慎，放不开手脚，办得不风光，没有给主家添面子，主家也会闹意见。管事办事稍有不慎，就会惹来麻烦，里外不是人。

另外，在差人办事时，人家内心可能并不真的愿意，就会因为分配活的轻重有差别而闹意见。当时碍于面子不吐出来，事后就会添油加醋，在背后捅你的刀子。更有甚者，有时根本就差不到人，还得自己去办理。

王盘庄的孟富贵就举了一个例子。有年冬天下暴雪，庄内一家要办丧事，得请乐队，孟富贵差人到县城去，因为怕路上出事，没人愿意冒雪出去，作为管事的孟富贵只能亲自跑一趟。他连夜赶到县城，结果人家乐队也不愿意这个时候出城，无奈折回跟主家商量了一下，没有哀乐也不行，就准备放录音替代现场乐队。孟管事又一个人跑了邻近的几个乡镇才买到哀乐磁带。回想起这件事，孟富贵就感慨万千，但他又补充了一句："这种事多啦。"可见管事角色的重要程度，他与人打交道，没人干的事都得自己干。

所以，管事在丧葬仪式中与人打交道时需要有牺牲精神、吃亏精神，就是要放弃许多自己的事业，耗费许多属于自己的时间，忙乎着吃力但不一定讨好的事情。他们把这个事情当成自己的"事业"来对待，认为这行事总得有人来干，自己懂这行都不干了，谁来干？他们觉得，主持红白喜事是他们的义务，他们学了这方面的知识就应该为家族和村庄尽到这方面的责任，所以再辛苦劳累也要把事情办好。用他们自己的话来说，就是"人家老了人请我们帮忙，自己就得管到底"，"管这号事，要本着吃亏的精神，不吃亏办不成事"。如果光从经济角度去考虑，管事们在红白事上对村庄的付出没有任何经济上的回报——只吃几顿饭，抽烟喝酒，再是接受个把小礼品，完全不划算。

三

管事是村庄的社会性职位，是村庄社会平面上的突兀，是村庄赋予他们这样的地位、权力和权威，脱离了村庄社会，他们就无权无势，无名无望。

传统的村庄是个自然而封闭的生活、生产、交往和信仰社区，人们对村庄赋予了特殊的情感体验，将自己融于村庄，也把村庄纳入自我，村庄与自我合一。因此，传统村庄是伦理和功能合一的共同体，人们在各种社会实践中，比起经济上的计较，更在乎的是社会性收益，在乎他人对自己的评价，在乎他人的感受，希望得到村庄社会的承认和认可，能在村庄中有好的名声，为后代多积德。

社会性需求和功能性需求是相辅相成的，人们社会性收益和关系的获得和拓深，可以为村庄功能性需求的满足创造社会关联。社会性关联使村庄更为紧密，在功能性的满足上更为积极主动。当人们在乎自己在村庄社会的社会性收益，特别是长远的社会性收益时，村庄共同体因此而存在，人们日常的生活、生产和交往也因此而维系。

在传统村庄，人们的竞争和村庄内部生活的展演一般是在社会性的收益和价值上，如"面子"竞争，而有损这些价值的事物、活动与竞争，人们不会去争取。也因此，村庄公职或者权威位置不是经济或利益上的设置，是一种社会性安排，人们把村庄的最高荣耀、最高声望配置在这些"位置"上，占据这些位置的人在履行村庄义务的同时，享有村庄的最高评价。红白喜事的管事既是这一最高"职务"的义务性体现，同时也是这一位置的创造者。管事一般享有村庄的最高权威和威望，是村庄或者家族的实际统治者。在红白喜事中是管事的人，在日常生活中也是尊长、族长，或者村庄会首制的首长之类。

四

我们在调查中了解到，现在农村掌管一整套礼仪和仪式的人都在50岁以上，很多都六七十岁了，他们的班子里（四到五个人）均没有50岁以下的人。他们是上一辈人手把手带出来的，上一辈人在退休时积极地选择和培养了自己的接班人。然而，当我们问及那些管事，到他们这一代人"退休"的时候，届时会由谁来接管时，他们却说不愿意带人了，说"车到山前必有路"，"虎到有山"，到时自然就有人来管。

问题的另一面是，没有人再跟着他们学这行名堂了。即使符合标准的人选也更愿意去寻求其他的活路，也不愿意再干出力不讨好的活。原因很复杂，有市场经济冲击的缘故，人们更多地去追逐经济利益，没人有满腔热情去"吃亏"；也有观念变化的原因，越来越多的人不再相信有神论，对死亡和丧葬的中的神圣性和敬畏感已经没有多少认同；等等。这些因素肢解了村庄共同体，继而平削整个农村社会，使农民无法在村庄和农村获得社会性的需求，村庄不再具有长远预期和价值生产能力，村庄社会性的价值无法满足村民对它的追逐，无法弥补村民经济收益的损失。也就是说，当村庄不再有凝聚力、不再能生产社会性价值，当村民不再在乎社会性价值之后，基于社会性价值而着力充当红白事管事的人就不会再有动力，这个角色的接力也就不可能再延续。

没有人再管事之后怎么办呢？确如许多管事所说，"虎到有山"。家族和村庄不再内生自己的"管事"之后，村民小组长就被认为是这个事的最好也是最后人选，许多原本根本不懂这一套的小组长被匆忙推上这个舞台。小组长的知识必然是高度简化了的，其实其他的人也心知肚明，但又只能按这样的程序来。这样，许多被简化、篡改或者增添了的礼节和程序就不再具备它们原来缜密无间时的神秘感和敬畏感，丧葬仪式也仅仅成了人们不得不玩下去的"游戏"。这样，许多连接鬼神与人，凝聚人际关系的传统在悄无声息中流失。

"传统"若只是形式或过程，流失倒也无所谓，然远不止于此，其背后蕴藏着丰富内涵和意义。就葬礼而言，它是农民在生活、生产忙碌中抽闲出来的一次特殊的洗礼，只有在此时人们才真正体味到对生命的敬畏、对神的乞灵，以及人活着与死去的意义。人们在丧葬中感悟生命，感悟超越性和本体性，而这一切都得通过一整套复杂得让普通人的记忆无法连贯的程序、细节，一整套让人胆战心惊、不敢触及的禁忌、行话来实现。

当仪式变成"喝白开水"，少了忌惮之后，所有的一切都成了人们内心没有吐出来的笑话。人死如灯灭，就这么简单，敬畏没有了，神圣没有了，生命的体验成了奢侈品。连对丧葬都没有了敬畏，那么三尺头上就不再有神灵，生活也就不会再有所顾忌。

人，总需要有所敬畏，无论是对生命，还是对神灵、对大自然。传统的丧葬礼仪作为一个完整的体系给予了人们这三重敬畏，也给予了人们对生活的态度和对未来的预期。

代际关系何以失衡

先来看看扶沟李庄相隔二十年的两则案例。

案例一发生在1980年代初。康家婆媳闹矛盾，媳妇上吊自杀。事由很简单：分家之后，婆媳仍同住一个院子，某日媳妇用了婆婆的扫帚扫地，婆婆有意见，于是两人吵了起来，儿子见状就将妻子给打了一顿，明显站在母亲一边，不让妻子跟母亲吵架。中饭后两人再度吵起来，婆婆一气之下出走。公公吓唬儿子说，你母亲出去跳井了，媳妇信以为真，就在家上吊自杀了。

案例二发生在2005年，李家30多岁的夫妇跟父母住在同一个宅子，媳妇嫌弃人，经常找小事闹矛盾，说他们不爱干净、头发脏，还常常将他们与人家的公婆比较。有次媳妇竟然扭扯婆婆的头发，将她往院子外搡，终于把60多岁的两位老人赶到外地打工去了，两年未回家。庄里人依然很平常地跟这对儿子、媳妇来往，与他们"公事"（进行人情往来），似乎他们家什么都没有发生过。

一

案例一是典型的因违背家族和村庄的道德伦理秩序而导致的"社区性死亡":媳妇"逼死"了婆婆,自己也必须死。这个时候家族的内聚力还相当强烈,家族作为伦理和功能的认同单位在村庄生活中扮演着基础的角色。在这样的家族里,个人往往受到诸多的束缚和约束,不可能放肆自己的个性和利害;家族作为一个稳定的结构性力量,依然强有力地勾连着其成员,对他们的行为有道德性的制约作用和惩戒性功能,家族的每个成员都将"家庭"事务视为家族的事务,是关切家族和家族中每个人的存在,以及维系对外形象的大事,而不仅仅是家庭的内部事务。一旦出现这种事情,家族内部就会兴起一股风暴,不仅在道德上予以强烈的舆论压力,而且在社会功能上也与其断绝来往,使其许多事办不成,例如建房不帮忙,其他事项上阻拦等。同时,村庄作为家族关系共同体,其他的家族对违背基础伦常的人也持同样的否定态度和立场,道德性越轨者既无法在家族内生活,也无法在村庄找到立足之地,只能"死亡"。所以说,这个案例中媳妇"逼死"婆婆而自杀,被村民认为是她的"命",她必须如此行为,否则在村庄里也会过着无社会交往的生活,这个"命"是她个人无法完全把握和拿捏的。"命"的背后是家族与村庄的社会结构,个体把握自己命运的自主程度视这个社会结构的强弱而定。江西宗族性村落若老人因子辈不孝而自杀,"他们家五代人都抬不起头来",而在家庭原子化程度高的荆门,子辈"马上就能抬起头来"。

案例二中，李姓家族如今不再是一个完整的认同与行动单位，其内部被分割为数个小亲族，以五至服为一个单元。小亲族对内除在红白喜事外，其他的合作互助相对较少，对外作为一个整体没有行动能力。人们不再把道德性越轨当成大事，也不议论人家的事，小亲族以外没有人将此视为自己的家事，小亲族以内虽有些许风语，但不至于使人断了社会性的往来，村庄亦未有大的舆论风波。子辈不孝成了家庭内部的私事。村庄或家族社会结构的收缩、松散，尽管伦理纲常还存在，但已经没有了之前家族和村庄结构的硬性约束，摆脱了笼罩在个体头上的外在束缚。个体缺少结构性的力量制约，命运往往掌握在自己手中。所以虐待父母的年轻儿子、媳妇并没有受到"命运注定"逻辑的束缚，不再感受"社区性死亡"的压力。这个时候，他们摆脱了命运的束缚，牢牢地掌控着自己的命运，一旦自己掌握命运，便可依照自己的行为逻辑和个性行事。

都是"道德性越轨"，两家媳妇"命"的结果却完全不同：在前一个时代人们更相信"命"的存在，对命运有更多的信仰、忌讳和期待，"儿子头上儿重天"——命运在现实生活中有实践的基础，所以"她的'命'就是这样"；而到了现在，人们更多的不再追究"命"是什么，过去是"命"的东西，现在个体完全可以把握。现在的农民一提到道德性越轨者，头一句说的就是"不想管，不好管，也管不了"。不想管——之前有结构性的制约，都当成自己的事，现在不再将此事视作自己的事，而是成了人家的闲事，当然不想也不愿再管；不好管——当事人认为此事只是自己的家庭里的事，无须外人插手，好管事者已经被"外化",人家的家事当然不好管;管不了——村庄结构性因素的弱化与当事人自主性的增强,造成村庄对待道德性越轨者的放任状态。由于社会结构性因素的衰弱,人们无法约束越轨者,"命运"观念缺少了社会实践的基础,只要有一个越轨者的越轨行为不再受到惩处,不再遭受之前的"命运"信仰的恶果(活埋、自杀或者出走村庄),就会有更多的人挑战原有的地方性共识、规范和伦理,"命定"观念也就没有了存在的理由。

二

伴随着村庄结构性因素的消解,村庄道德性越轨者成功地逃脱了制裁和社会性压力,逃脱了"命定"的诅咒,但大的话语和大传统还没有立即消失,越轨者仍无法像其他人那样理直气壮地生活在村庄里,身上毕竟有"污点",心里有芥蒂,与他人的交往仍有隔膜。越轨者就需要拓展新的交往圈子,也就出现了这样的情况:村庄中不孝顺的儿媳妇、儿子之间交往比较密切,形成一个小圈子。在这个圈子中,道德性越轨者可以在传统的道德判断之外形成自己的价值标准,做出自己的判断,从而为自己的行为确定合理性。而且随着圈子逐渐扩散,亚文化也随之产生:对孝道进行重新解释。

村庄社会结构的消解不仅直接导致了一大批道德性越轨者的产生,还为道德性越轨者的结构化创造了条件,地方性共识的残留则强化了他们结构化自我的必要性,道德性越轨者成为村庄的结构性越轨者。

越轨者与普通村民之间的社会纽带正在迅速松弛和瓦解，虽然地方性的共识、规范和伦理依然存在，但已无力对实际的越轨者给予相应的制裁，"共识"越来越成为空谷足音，不再能发出响彻天际的声量，越来越萎靡，越来越没有底气。"不好说""没法说""没标准了""公说公有理，婆说婆有理"等农民自己口中的话语最能表明其理想中的共识的实际遭遇。原有的共识不再强而有力，新的、多元的标准迅速填补进来，旧有的共识被打破，而新的共识则尚未形成，人们的价值标准处于混乱、混沌的状态。于是，人们因为对道德性越轨者缺少基本的、强有力的共识，无法形成暴风骤雨式的村庄舆论，亦不能在态度、行为上对越轨者达成一致，有的人故意远离越轨者，有的人则继续保持正常来往而置前人于不义。

越轨者在残留的共识和混乱的价值标准中寻求自保，为自己的行为重新定义和再解释构建起了自己的关联方式，形成稳定而有强吸纳能力的圈子。因此，道德性越轨者的圈子首先是为应对越轨后的社会性需求而"建立"的，人们在其中能为各自的行为开脱，有宣泄的渠道，找到合理、合法性，并能形成新的共识、达成新的一致。这些人经常到某一家串门、叙话、打牌、看电视，圈内人串门的几率和频度比普通村民之间的要大得多。当圈子稳固之后，人们就不仅仅是满足社会性的需要了，还在功能层面上有所拓展，比如平常的互助、帮忙、合伙等都在圈子内轮替，如两户人家合买一袋化肥，几户人家帮着摘棉花，一起外出打工等。当村庄一般的人情、互助淡化之后，越轨者的圈子就凸显出来，具有吸引力。

三

随着越来越多的家庭加入越轨者的圈子，越轨者慢慢构筑了一整套话语体系，原有的共识好像不再有趣。支撑两套话语体系的是两套不同的价值观。我们从这些家庭妇女相互之间的攀比可以看出其中的诡异："要比老人为子女做了什么，而不是子女为老人做了什么。"这是一个代际之间权利义务的问题，之前的价值观是义务本位，也即伦理本位的价值观，强调的是子女在成年之后对父辈的义务，而越轨圈子的逻辑则是"老人为子女做了什么，子女能从老人那里索取什么"，这是权利本位的思想——老人没给儿子盖房子，就不应该对他好，把他赶出家门也是合乎道理的。越轨圈子从子辈对父辈的权利着手，建立自己的行为逻辑和话语体系，也因此使"老的没做什么，就不应该给他什么"逐渐成为新的共识。新的共识取代"老的养了你，你就必须养老的"的老共识，成为人们新的行为规范和代际之间的伦理范本。

这似乎是一种新的、更加强调均衡的代际关系，即一对一代际伦理。但这种伦理会导致两个问题：一是子辈寻求代际关系的"指标性对等"，将权利、义务单方面"指标化"，肯定会将许多老人排除在赡养的行列之外，如父辈经典的义务"盖房子"，因为经济困难而无法为儿子尽这一责任的人家几乎得占上一半，那么大多数老人都会被依据新共识行事的子辈赶出家门口；二是"指标性对等"取代之前的"模糊性对等"，后者强调"生养—赡养"的模糊性和绝对性，父辈生养了子辈，子辈就得完成基本的赡养义务。指标性对等使得赡养的操作化越来越难，因为指标容易量化但无限多样，任何人都能以某个细小"指标"为由而拒绝履行赡养老人的义务。例如在儿子谈婚嫁时给女方的财礼比某某家的少，致使儿子、媳妇在村庄里没有面子，年轻家庭以此拒绝善待老人。指标无定数，子辈可以找出任何理由拒绝履行赡养义务，许多在调查者看来滑稽可笑，而在新形成的共识中却是理所当然的，例如公婆长得丑、穿着不整洁，与父辈的生活习惯不同，话说不到一块，等等。可以设想的是，在这一整套新的权利本位和指标性对等的共识下，子辈可以找到任何一个指标来对付原有共识、规范和伦理中的养老义务，而老人在失去原有的道德支撑体系之后，没有了其他的救济渠道。

我们在李庄了解到，老人"看果树"逐渐成为一个普遍现象，它的吊诡之处在于揭示了村庄不孝顺现象的悖论："有也是没有，没有也是有。"儿子、媳妇将父母赶出家门，父母既不在庄头搭个棚，也不出去流浪，而是在自家的果园里搭个窝棚，说是"看果树"，其实园里可能只有三五棵果树。子辈将父辈驱逐是"有"不孝，父辈为儿子遮丑，不把这一行为揭露出来也就说明"没有"不孝。这是目前农村代际关系指标性对等的鲜明写照：父辈尚对子辈负有建房、娶媳妇以及维护名誉的义务，还将这些视为他们无法规避的"命"，子辈却寻找到其他父辈未完成的指标而不把赡养当作基本的义务。

指标性对等可能是我国农村代际关系变化的一个终极环节。当子辈不断寻求权利义务的单方面指标化，父辈也不再将某些传统义务视为他们的"命"，而是被迫将自己的行为指标化，即量化自己的义务，并简化某些义务，如将儿子培育到18岁后，就放弃为他盖房子、娶媳妇，也不再为儿子的家庭解忧劳心，而是将剩余的精力用于考虑自己的养老问题。代际关系从此彻底指标化。

农村纠纷性质在变化

"骂街"是熟人社会特有的景象。我们在河南农村询问骂街、争吵等摩擦时,得到的回答总是"少了""几乎没有",理由是"现在人的觉悟都提高了","人一穷就生气,富了就没事"。人们将骂街等现象的有无归结为"觉悟"提高和生活"富裕"与否。但是随着调查的深入,我们却发现村庄中村民之间打官司的多了,相互倾轧和侵权的多了,甚至有两三成的人见了面不说话。为什么会出现这样的悖论现象?要解析这个问题,须从村庄纠纷的性质和村庄交往规则入手,探究二者的内在关联。

一

村庄纠纷可分为两类,不同的纠纷有不同的解决方式和渠道,对应不同的解决机制。一类是接触性纠纷,它因摩擦和芥蒂而起,不涉及重大的伤害、财产和侵权纷争,人们因为日常生活中紧密的接触和互助合作而发生摩擦。接触性纠纷在人民公社时期比较频繁,因为人们的生产、生活和交往都被安置在"集体"里,没有或缺少私人性的空间隔离,人们在繁复的接触中生发不愉快。

20世纪八九十年代的接触性纠纷,一般发生在农民互助领域。"分田到户"之后,"各吃各的饭,各管各的碗",村庄缺少了人民公社时期的集体生活和公共生活,接触性纠纷明显减少,但在生产、生活领域仍然不可避免地要发生接触,有接触就肯定有矛盾。譬如,有人不按先来后到的规矩进行水井灌溉,于是生发口角;在大好的天气下,几家合买的"扬尘器",谁先用呢;合买的机器出现故障,自私的家庭买次品零件安装使得机器使用寿命短暂;两家小孩在一起玩,发生"打斗"而引起家长的怒火;等等。

因为生产、生活领域的互助合作一般出现在家族内部,总之是在"自己人"比较亲的范围内,所以接触性纠纷一般也发生在家族内部或者邻里之间。也因此,接触性纠纷的解决途径一般有两种。一种是家族内部的族长、尊长出面协调解决,这种事情一般闹得比较大,在村庄中有一定的坏影响,而且没有自动熄火的迹象。另一种则是比较小的纠纷,一般情况下能够自然平息,因此只要村庄中任何一个稍能说话或者有面子的人说一两句给双方一个台阶下,事情就能被摆平。"骂街"属于比较典型的接触性纠纷,当事人要发泄自己的不满,将过错归结于对方,并暴露在大庭广众之下达到丑化对方、美化自己的目的,所以这样的纠纷并不牵涉当事人多大的利害关系,主要是个"面子"和情绪问题,一般人的劝说就能够将事态稳住。像农民所说的,"以前人家骂街,整个庄的人都去看、去劝",骂街构成村庄公共的消遣事件。婆媳关系、兄弟关系以及父子关系中的不愉快一般都属于接触性纠纷。以婆媳关系来说，一般不会出现财产和其他权利侵害，更多的是代际矛盾、文化隔阂或者惯习延续造成的争吵。兄弟的争执也多系接触性，比如因赡养老人而引起的兄弟反目。

另一类纠纷是"侵害性纠纷"，即对他人名誉或财产的侵害而导致的村庄纠纷。这类纠纷一般发生在熟人社会不同姓氏的家庭之间，是"外人"对"自己人"的侵害。侵害性纠纷在一个紧密的熟人社会一般较为少见，在人民公社时期几乎没有，这与当时较少私人财产有关；而在20世纪八九十年代，虽然个体性的东西增多，但因为熟人社会尚未"陌生化"，侵害性行为一般不为共同体的共识、规范和伦理所容忍，人们在无法逃离村庄本身的时候，不会轻易冒着违背村庄集体情感、遭受"社区性死亡"的风险侵害他人。因此，这段时期侵害性纠纷较少发生。侵害性纠纷的解决渠道和途径是村组干部的介入，村组干部作为村庄"公"的象征（相对于家族之"私"）处理这类事情。比如，当地界矛盾、宅基地纠纷发生时，村组干部就得亲自拿着绳子、标尺、以往档案记录到纠纷现场进行勘察测量，重新确认边界。在北方多姓共居的村庄，村组干部的权威、公正形象在侵害性纠纷中无可替代。所以，在一般情形下，村庄的侵害性纠纷能够在村庄一级被解决掉，不会闹到乡镇司法所。只有特别重大的侵害行为，村组干部负不起责任或者没有相关权限时，才将它推往上一级。

二

自人民公社解体以来，农村接触性纠纷不断减少，而侵害性纠纷则有不断增多的趋势。

其中一个重要原因是村庄中自己人的"外化"和熟人社会的"陌生化"。这两"化"导致的首先是村民相互间交往的频率、深度和广度减弱，交往稀少了，接触就少了，接触性纠纷能够产生的源头被堵死，这类纠纷也就慢慢少了。在回答调查者"为什么村庄纠纷较往年减少了"的问题时，农民的回答是"一穷就生气，富了就没事"，"穷"与"富"其实是表面的现象（富了就可以自己一人买台收割机），实质是人与人之间关系的转变。以前是"自己人"的，现在变成了"外人"，之前是熟人的，现在变成了"陌生人"——与"外人"的交往当然不如"自己人"认同圈内部交往密切，陌生人之间的交互作用往往是一次性的博弈，而熟人社会内部的多次（无数次）博弈和长远预期在交互作用方面要频繁得多。因此，人"富"了的背后是接触和交往的缺失，人际关系越来越迈向私密化和原子化，人们也就无须再为"小打小闹"而争吵了。

接触性纠纷所体现的是人们日常交往的频度和广度，是熟人社会正常且正当的现象，人们因为熟悉且相互来往而交缠包裹在一起，相互合作、相互体恤，换工、互助，日常性的人情往来和仪式性的人情表达，等等，在如此密集的交互作用中必然产生出摩擦、纠纷、矛盾和间隙，相互间容易"生气"。比如说婆媳关系，一直吵得厉害，喋喋不休，正是因为她们同住一个屋檐下，交往太频繁。兄弟关系也如是，即使分家也有矛盾产生。因此在这种紧密的关系下，产生矛盾和纠纷是必然的，但又不能拆解这样的关系，一旦把家庭关系给拆解了，那么整个中国社会的功能就无法维系，因此需要对家庭、家族人员之间的关系进行排序和规范，于是一整套伦理性规范（国家的和地方性的）就应运而生：长幼有序、尊卑有差、三纲五常等等。在村庄这个熟人社会层面也一样，人们的交往需要一套适合紧密熟人圈的规则体系来规范和救济因密集交往带来的接触性纠纷，而这一套规则体系又必然不同于针对财产、人身侵害的矫正机制，因此它以基本的伦理道德而非法律作为规训的载体。可以说，整个传统中国是以农耕社会的村庄为基本单位和治理基础的，它的一整套儒家伦理规范都以治理熟人社会为旨归。

而人们的陌生化（相伴的是"富了"）则使交往减少，摩擦减少，能够产生矛盾和龃龉的机会和空间也就必然减少，接触性纠纷产生不出来。

三

自己人"外化"、熟人社会"陌生化"的另外一个结果是村庄交往规则的变化。在原来的村庄生态中，有三套规则在起作用。其一是自己人内部的交往规则，如家族内部的交互作用规约体系。自己人内部有着共享的历史感和情感体验，对共同血缘的认同超越了其他的一切认同对象和认同模式，要求人们以血亲情谊为最终的依归和处理日常事务的旨趣，将每个人都当成自己，将他的事情视为自己的事情，将与他的关系认作内部关系。其二是熟人社会的交往规则，即村庄中自己与外人的交往准则，理想上是处理不同姓氏之间的规则体系。它较自己人内部的交往规则要松散、宽疏得多，没有那么严格保守，讲究的是"人情"，而人情较"血亲"要淡得多。它通过互送人情的交往关系而达成，而人情具有长远的预期，目的是将已有的"关系"（家族间的关系）延续和强化下去，使村庄具有人情味，并通过人情往来凝结成一个紧密的伦理与功能性共同体，满足人们的社会性、伦理性和功能性的需求。第三套规则是针对陌生人的，是与熟人社会之外的人打交道的共识与规范，注重的是利益算计的最大化，双方以利益为连接纽带。在村庄内部，陌生人是不受保护的，对待陌生人可以理性算计及某些时候的不择手段。每个村民都熟知三套规则体系的内涵及其应用的对象，在与不同的人交往中恪守不同的规则，对待自己人不能仅仅讲人情，否则就等于将对方视为外人，而用熟人社会的规则去跟陌生人打交道，则很可能会被坑蒙拐骗，吃亏的是自己。三套规则体系既是村庄社会生活、生产的需要，也是人们在实践中得出来的真知。

随着村庄传统社会结构的散解与松动，"自己人"不断的"外化"，之前是规约在"自己人"体系之内的人，现在成了"我"的外人，虽然仍是同一的血缘，却不再被"我"认为是"自己人"。自己人外化同时带来交往规则的变化。从小的方面讲是之前用"血亲"的规则内涵与其打交道，现在则须用人情的规则相互交往，个体之间交往的规则和方式以及相应的一系列伦理、道德规范也随之变化。从大的方面讲，自己人的范围在不断地萎缩，从家族到联合家庭，最后压缩为个体家庭，血亲的规则只能运用到家庭内部，在村庄层面或超出家庭之上就不再适用，这样造成的结果是血亲规则及其背后的伦理体系退出村庄生活，村庄生活的伦理色彩越来越淡化。村庄缺少了血亲这一伦理层面的规范，将难以统合和规约整个村庄，血亲规则是村庄整合的基本条件。

在熟人社会这一层面，即整个村庄层面，熟人之间出现"陌生化"，熟人变成陌生人，其交往规则也相应地变化，人们之间的关联不再通过"人情"，而是通过现实的利益纽带来维系和强化。越来越多的人不讲人情，不讲面子，不择手段，你算计我、我算计你的局面在村庄内部迅速蔓延。每个人都依据自己利益最大化的原则与他人交往，而不再顾及以往的人情、交情乃至亲情，什么事情都是一次性的往来，一次性结算。这样，村庄的人情味越来越淡，其他的味道则越来越浓烈：一方面在村庄中无利可图的，就不与之交往，因此村庄的交往被利益算计稀释，越发罕见，表现是串门的少了，公共生活少了，去饭场、牌场的人逐渐少了，另一方面，有利可图的则利益纷争渐长，村民之间锱铢必较、分利必争，在利害面前绝不手软。在参与调查的村庄，为了蝇头小利而兄弟相残、叔侄反目的事例不胜枚举，当地人业已习惯，不再当成个"事儿"。

自己人"外化"与熟人"陌生化"是两个相伴而生的社会变迁过程，二者搅和作用的结果是村庄的交往规则最终摆脱

"血亲情谊"和"人情面子"的束缚,走向以利益算计为旨归的共识规则体系。村庄规则体系的理性化、利益化意味着村庄共同体性质的变化,或者村庄本身的瓦解。村庄共同体被新的规则体系逐步肢解。村庄交往规则的变迁体现的是村庄人际关系的变化,而人际关系的变化又促使交往规则的相应变化,这是个两面一体的社会过程。正是在这个村庄人际关系和交往规则大变迁的背景下,侵害性纠纷在20世纪八九十年代呈现出大幅增长的趋势,几乎将半个村庄的人都席卷到了这种侵害与被侵害的纠纷中来。所以我们看到,十分明显的侵害性行为竟然可以在村庄中长期存在下去,虽有调解,但针对的只是具体的事件,这种侵害性行为和侵害性纠纷并没有因调解的成功而得到遏止,相反却不断地在增长。

四

分析到此,前文所述的河南村庄悖论现象已经得到了完整的解释。"觉悟提高了""富了"只是村民之间接触性纠纷减少的表面原因,是它的虚假呈现。村庄接触性纠纷因为人们的"外化"和"陌生化"而呈现逐渐减少的趋势,日常性的"口角""骂街""埋怨""数落""指摘"等需要密切交往接触才能发生的争执在村庄中日趋衰微。隐藏在自己人"外化"、熟人社会"陌生化"背后的,是村庄延续数百上千年的生活、生产和交往规则的更迭,而交往规则的更迭则直接导致村庄侵害性纠纷的增加。

"自己人"的纠纷怎么调解

在贵州湄潭调查时,农村管理经验老到的老支书说,农村的调解工作不像城里需要法律,最大的技术就是举例说明。例子举多了、举到位了,纠纷自然就解决了。这是一种形象思维,通过例证的绘声绘色达到感染当事人的目的,使调解工作向着有利于和解的方向发展。

调解人之所以能够举例,举出的例子能够为当事人双方所接受,是因为农村调解过程中的举例说明嵌入了一种"自己人"的情境。农村纠纷的调解多数是"自己人"的调解,调解的过程首先是重建"自己人"关系的过程,使纠纷在"自己人"的情境中得以解决。"自己人"调解的目的在于使"自己人"秩序尽快恢复,而不是主持普遍的正义。

一

在农村,人们在纠纷处理中会逐渐总结经验和教训,对纠纷进行多类型的划分,常见的有兄弟纠纷、邻里纠纷、赡养纠纷、婆媳纠纷,还有诸如宅基地纠纷、地界纠纷、财产纠纷,还有因小孩引发的纠纷、合作过程中产生的纠纷等。发生过的案例会成为未来发生的同类型纠纷的调解范例。在调解过程中，调解人希望以最快的速度、最便捷的方式、最低廉的成本结束纠纷，希望纠纷当事人能够按照之前某个案例的案主那样做出抉择。为此，调解人就会将他认为最合适的前例搬出来。

在河南兰考调查赡养纠纷时，村庄中有一个大家都熟悉的案例：兄弟几个有次为养老闹纠纷，虽然兄长家人口多，底子薄，生活拮据，但是兄长仍主动将更多责任往自己肩上扛，其他兄弟见此亦做出让步，从而将矛盾化解。十几年来兄弟家庭相互帮忙，农忙赶时节时兄弟合伙共同完成。这种和睦的家庭关系与兄长能吃亏分不开。之后，村庄中只要出现兄弟纠纷，调解人都将这个例子搬出来，遇到"长兄不长"的家庭，就让当事人看看人家兄长是怎么做的。遇到抠门、不讲理的弟弟时，则大谈人家兄弟是如何体谅兄长难处的，做出了怎样的牺牲，最后才有家庭大团圆。

调解中，调解人通过举大家都熟悉的案例，让纠纷当事人相互做出妥协与牺牲，并在纠纷之后维持着良好的关系。举例说明并非老学究式地讲一大堆道理，而是在形象的思维中给当事人指出一条普遍的行为模式，以重申地方性共识。前人是这样做的，你就应该这样做。不这样做，你就违背了地方性共识，违背人们最基本的常理。在地方性共识中，人们对你的预期是你应该在调解人的调解下如此这般行事，"像某某那样"，若你并没有这样做，还背道而行之，就会触犯人们的情感，引起人们的反感，质问"你怎么能这样做呢"。

按照调解人指引的行为模式行事的当事人，则是在调解人的例证下产生了情感共鸣：既然人家都是这么做的，我也应该这么做，难道我还不如他吗？举例说明的最终目的就是在当事人之间产生情感共鸣，营造一种双方都认为"理应如此"的情感意识。在兄弟纠纷中就是，"人家的兄长如此大义，那么我也应该这样；对方是我的兄弟，我确实应该这样"。

为什么"举例说明"能够使纠纷双方产生情感上的共鸣？事实上，只有"自己人"举出的例子，以及举"自己人"的例子，才能达到这种效果。农村的调解工作大部分是"自己人"在处理。农村的纠纷调解就是要最大限度地调动"自己人"的情感，使当事人产生或强化"自己人"的情感共鸣，从而使纠纷双方在"自己人"的情感世界中做出让步，达到解决事情的目的，使"自己人"的关系不因纠纷而拆裂。

所以我们看到，那些按照案例指引方向行事的当事人，总会在村庄中得到很好的评价。而那些对举例说明无动于衷，没有产生情感共鸣的人，则往往受到人们的谴责。

> 水村人曾某在县城工作，将自己的饭店承包给了同是水村人的杨某，但杨某因未能赚到钱未如期支付承包费，曾某因此将其告上法庭，最终赢得了官司。此事在县城地域内无可厚非，但是传到村里，却引起了轩然大波，村里人觉得曾某做得太绝了："自己人哪有这样做的？""做得太绝"就是不顾及"自己人"，无视"自己人"的情感意识。既然你不仁在先，就别怪我也不当你是"自己人"，后来曾某一亲人去世，村里很多人就嫌弃他没有"自己

人"情结而没有去帮忙。

"自己人"诉诸情感解决内部问题,外部人才诉诸法理。情感有强有弱,依据自己人的关系远近而改变,同时也因情境不同而有所不同。在纠纷调解中,举例说明就是要通过十分形象具体、活生生的例证来调动人们的情感,增强人们的"自己人"意识,使纠纷中被暂时隐匿的"自己人"意识变成显而易见,使当事人在情感的滋润下,最后觉得这场纠纷不应该发生。

"自己人"的关系由情感来维系。情感会变化,调解工作充分抓住"自己人"情感的这个特点,千方百计地拉近双方的距离,增进双方的情感共鸣度,举例说明是策略之一。在调解中,往往会有与当事双方都有关系的人介入,此人在其中起到的是中介作用,沟通双方的情感。这个中间人往往与双方的关系都较近,通过他的连接,原本缺乏情感共鸣的两个人就会产生"自己人"意识。

二

农村的纠纷往往由密集的交往导致。纠纷的发生是当事人双方的"自己人"情感由强变弱的过程,是从"自己人"到陌生人的突变。纠纷一旦发生,双方就形同陌路,交往中断或者不再按照"自己人"的逻辑行事,常说的"父子反目成仇"就是如此。陌生人之间的关系是法律上的平等关系,父子成了陌生人,在这种意义上也变成了平等关系。调解人就是要重塑双方的自己人情感,变陌生人为"自己人",使双方不仅有"自己人"认同,按"自己人"的交往规则行事,而且在双方当事人之间建立起等级关系。"自己人"关系本质上是一种等级关系,调解的要害首先在于重建这种等级关系。

等级关系是传统中国的一种基本秩序,讲究的是长幼有序、尊卑有差、贵贱有别,将关系中的人分成三六九等。等级之间有着基本的交往准则和伦理,各安其位、各守其分,社会关系形成良好的秩序。差序格局讲的是由于亲疏关系导致的情感上的强弱,是建立在血缘基础上的自然秩序。但在"自己人"关系中,所谓等级指的是只要是自己人中的任何两个人,由双方所扮演角色和位置的差别形成等级。

两个年龄相差60岁的陌生人在一起聊天,除了年幼一方出于基本礼节尊重年长一方外,两人在交往关系中一般不存在等级关系,可以尽情地开玩笑。

只要是"自己人"关系,就必定有差等。再平等的生活圈子,只要里面有"自己人"认同的氛围,就会有等级的形成。北方农村兴拜把子,就是将外人、陌生人变成"自己人"的典型方式。经过这个仪式,大伙就成了"自己人","自己人"之间就得有个基本秩序,兄弟、兄长就会有个划分,可以从年龄上划分,也可以从资历上区别,大伙都认可这样一套秩序。

在农村"自己人"的生活中,也有这样一套等级系统。不同辈分的尊卑早就分好了,同一辈分的人,即使年龄相差不大,也总有个出生的时间差别,必定有兄弟之别。在这个"自己人"圈子里，无论血缘上多么疏远，作为弟弟的在等级秩序中就比兄长要低一个级别。在河南兰考农村，村庄多半是杂姓，难以区分出血缘辈分，于是村民们就按照搬进村庄的前后来分辈，同时落户该村的是一辈，若干年后搬进来的则可能是后几辈。当地通过这样一种建构的辈分来区分不同姓氏的尊卑，同一"辈分"的人按年龄差别相称呼。

有了等级，就有等级秩序。等级秩序通过等级伦理来维系，不同的等级有不同的伦理规则。处于等级之上的，既有某种对等级之下人的优势和权利/力，同时也有责任与义务。义务往往是被期待表现出"高姿态"，被要求做出更大的牺牲。而处于等级之下的人要尊重等级之上的人，要给后者面子，保证其尊严，同时他们会得到社会的更多怜悯。

因此，在纠纷调解过程中，调解人将当事人的关系拉到"自己人"状态中来，就是要双方明确自己在等级中的权利和义务，自己理应扮演的角色，应该遵循的伦理和行为准则。上述兄弟矛盾中，重建自己人的等级关系，就是使兄长意识到自己是兄长，使弟弟认识到自己是弟弟，各自是处在不同的等级位置的。重点是强调兄长必须拿出兄长的气魄，摆出"高姿态"，不能计较太多，过于计较就是贬低自己的身份，往自己脸上摸黑，让人家说"兄长不长"。兄长要气度大、器量足，能够做出牺牲，做出某些超越。因此，兄长起带头的作用：下面的弟弟都眼看着你呢，你还不做出个样子来。于是兄长首先表态做出让步。对于弟弟则是，"他毕竟是你的兄长，他做了什么你都不能跟他斗气，你看兄长都拿出了高姿态，你作为弟弟的还不表个态"。即使有委屈，也要咽下这口气，以服从大局。于是，双方都在兄弟这个等级伦理下做出了让步。

三

除了营造当事人双方是"自己人"的情感氛围之外，强调调解人与当事人的"自己人"关系，也是调解工作中必不可少的一环。调解过程中，调解人也会将自己纳入当事人的"自己人"当中，与他们构成等级关系，并且自己处在等级之上。

我们知道，农村调解人必然是具备一定身份和地位的人。在家族内部，主持调解工作的人是家族内有威望的尊长、片长和族长，他们决断家族内部事务。家族之间发生的矛盾则由会首、组长、村干部介入解决。调解人的权威可分为内生性权威和外生性权威。家族内部的调解人属于前一种情况。内生性权威介入调解其实就是"自己人"内部通过"自己人"的方式解决问题，不将问题在超出"自己人"范围以外去解决。这样一种解决方式借助了"自己人"内部的等级关系，即调解人与当事人具有明显的等级性，调解人无论地位、角色和身份都要高于当事人，故调解人对当事人拥有权威。

调解中的外生性权威不在"自己人"内部产生，它是国家在乡村社会树立的权威。这种权威的好处在于其公职身份。在实践中，其权威又与人们的认可度有关。在一个习惯于按照"自己人"规则行事的农村社会，若任职的人不是"自己人"，人们的认可度就会降低三分；若既是"自己人"又具备公职身份，认可度就会增进三分，工作会更容易展开。

但是一般千人以上的行政村不可能都由同一群"自己人"构成，它会分割为不同的"自己人"圈子。一般一个生产队就是一个"自己人"单位。那么超越生产队的村干部又如何在多个"自己人"单位里开展工作呢？老到的村支书说，当了村干部就要多走人情，人家有事（办酒席）不管请没请都要主动去上人情，而且要上得比一般人重。在这里，人情是外人变"自己人"的一种基本方式。村干部通过人情与不是"自己人"的村民结成"自己人"关系，从而使村干部的"公事"，变成自己与村民的"私事"。"自己人"办事的余地就更多了，也使事情更为好办。

在调解过程中，村干部一方面具备体制性身份，具有职务赋予的权威，另一方面又与村民是"自己人"，"自己人"内部有等级分层，他必然在等级之上，因此又具备一份"自己人"的权威，所以在调解中往往游刃有余。许多在外部人看来难以化解的矛盾，一到老到的村干部那里不费吹灰之力就被解决了，而且当事人还能和好如初。

在农村"自己人"内部，处于等级之上的人的面子往往要大些，处在等级之下的人要给他们"面子"，做出自己的让步。因此，对于村干部的调解，当事人就会很轻易地同意调解人的方案而使事情摆平，这是支持村干部的工作，给他面子。若纠纷某一方不听调解，还跟调解人讨价、还价、闹意见，一点都不给村干部面子，人们就会说这一方很不懂人情世故，一点都不懂得做人，"上次你家儿子结婚人家村干部还上了人情,婚礼都还是他给主持的,你却这样固执不给面子"。如此一来,坚持己见的一方就会很没面子,一般都会给村干部面子,将事情尽快解决。

处于"自己人"圈子等级之上的人的面子很重要,它是一个很重要的象征性符号,也是农村解决纠纷的重要资源。有时候,这些人出面调解,无须多少策略和技巧,只要一个照面,一句话就足够了。不给面子,就是不将调解人当成"自己人"。能够充当调解人的不是一般有面子的人,这种人往往是"得罪"不起的,因此当事人必须掂量分寸,即便自己极度吃亏,也要给调解人面子,使事情朝着调解人指引的方向发展。同时,在形成最后的调解决议后,当事人、调解人和在场人都要认可这个决议,这也是面子问题——因为是某某调解的,所以才心甘情愿地认可最终的调解决议。

四

"自己人"调解的目的是什么呢?在"自己人"关系的情境中,纠纷之所以容易解决,是因为当事人看在调解人的权威与面子上,都做出让步和牺牲。既然如此,那么农村调解的目的就不是公断是非,而是为了尽快将事情解决,使各方都回到原来的生活状态中。因此,"自己人"的内部调解是一条解决问题、恢复秩序的路径,而非一个主持普遍正义的机制。"自己人"有"自己人"的公平与正义观,它讲求的是"自己人"秩序不受到某些突发事件、个人利害的干扰,"自己人"的情感不受纠纷、摩擦的侵害。

"自己人"具有长远的预期,不寻求当下的一竿子买卖。只有相互的亏欠、让步,相互施与和偿付人情,才能使"自己人"情感不断地延续和加深。在不断地亏欠与偿还中,使"自己人"情感增强,"自己人"情感越深厚,人与人之间的预期就更长,就越不在乎当下的损益。这样一个机制将解决问题,而不是追求普遍正义作为调解纠纷的基本原则。只有预期短的陌生人社会才会对普遍正义锱铢必较,将个人利益看得比天高、比地厚。也因此,只有在"自己人"社会才会在明显吃了亏后还能够对调解结果满意,而非满肚子怨气。

总而言之,"自己人"调解的目的在于恢复"自己人"的关系,重塑"自己人"的秩序。

农民何以迎法下乡

在中原农村调查,我们感受到一个很大的问题是农村婚姻的困境:一个家庭很可能因一场婚姻而破产。乡镇司法所里,近年案件的绝大部分是因婚约问题产生的,如男方提出退婚后,女方不愿意退还彩礼,男方将事情闹到了司法所,这样的案件在不断地增加,成为乡镇司法所的重要工作。但矛盾的是,当地关于婚配的观念中有一共识,即只要是男方提出解除婚约,女方有十足的理由不退还,女方此时有地方性规范和伦理为其撑腰。那么,究竟哪种规范在当地婚配中起作用呢?

一

在婚姻文化中,彩礼文化是重头戏。彩礼是指男女双方完婚之前,由男方支付给女方作为婚姻关系成立条件的财物,女方接受彩礼之后婚事方定。中国古代的法律将由此形成的婚姻称作"聘娶婚",而娶得之妻即为"聘娶之妇"。彩礼多少因地而异,也视家境而定。在我们调查的扶沟地区,20世纪六七十年代,一般的农家基本上不兴彩礼,媒人给双方搭桥牵线就成。当地的彩礼文化是从改革开放后逐渐增多的:1980年代初的彩礼礼金是200元及其他物品，1990年代初期则上升到了1000元及其他物品，1990年代中期涨到2000元及其他物品，但幅度和比率不是很大。彩礼涨幅最大也最迅猛的是在2000年以后。

与彩礼相对的是嫁妆，指新娘带给婆家的钱财和物品的总和，由女方娘家支付。嫁妆究竟是送给婚后的婆家，还是专为婚后的女儿准备的，却因不同情况而异。一般而言，嫁妆是给新郎及新郎家庭的，也有部分人家是专为女儿婚后准备的。嫁妆多少也视地区、家庭财力以及时代而异。在扶沟农村，民俗讲究嫁妆要有合欢被、对枕，以及柜、箱、梳妆台等，目前送洗衣机、冰箱、摩托车等电器居多。

就社会经济关系而论，彩礼和嫁妆是亲家之间为了建立长久的婚姻关系而采取的交换关系中的一部分。在传统习俗看来，没有彩礼与嫁妆的婚姻是不能成立的，彩礼与嫁妆是婚姻合法化的重要因素，高额的彩礼也可以保持婚姻的稳定，因为一旦离婚不仅原来支付的彩礼将付之东流，再娶时还将付出新的彩礼。为此，离婚者较为慎重。

二

彩礼一般被认为是买卖婚姻的伴生物，当婚姻还处在以经济与生育为其基础的阶段时，就不能不具有买卖婚姻的色彩。中华人民共和国成立以来，政府从法律上禁止了包办、买卖婚姻，禁止借婚姻夺取财物。所以在整个集体时代，索要财礼的现象很少，或者价值很小，很少有因送不起彩礼而无法完成婚姻的。但是由于社会经济条件的限制，农村仍然无法摆脱以经济与生育为主要目的的婚姻。

传统婚约文化中的一个基本共识是，如果男方提出解除婚约，那么其所送之彩礼及其他消耗，女方概不奉还。若是女方原因导致的婚约破裂，则女方须归还所有彩礼。这是一个婚约解除的归责问题，以确保双方在收受彩礼后义务的履行，保障双方在婚约中的权利：如果男方提出解除婚约，其所送彩礼就等于是对女方的赔偿；而若过错在女方，女方除须归还彩礼外，还得背负名誉上的损失。因此，一般情况下，男子很少主动提出解除婚约，就算是在对女方不满意的情形下主动提出解除婚约，也只能认可当地的基本共识，不向女方讨回彩礼。

在参与调查的一个村庄，1990年代有一男子家庭向女方索回上千块钱的彩礼，被当地村民认为是"耍无赖"。即使是其家族里的人，也觉得这样做不妥当，有失体面："哪有自己不要人家，还要回彩礼的？"他们甚至觉得整个家族的面子都被这一家人丢尽了。最后在家族老人的劝说下，这一家人才没有继续"耍"下去。其实，即使这家人继续"耍"下去，女方也不一定就会归还彩礼，因为他们认定男方解除婚约是对女方的伤害，彩礼是作为赔偿而存在的。

1980年代以来，随着农村社会分化的加剧，旧的风俗习惯迅速恢复，结婚索要彩礼及厚嫁之风极为普遍地存在于各地农村，彩礼的数目飞速上涨，成为一个引人注目的社会问题。特别是在我们调查的扶沟地区，索要高额彩礼成为女子及其家庭获取社会面子和地位的象征，一个没有收取多少彩礼的家庭是没有面子的，在当地会受人闲话。彩礼成为村庄面子竞争的主要对象，这进而使彩礼不断地往上跃升，如今达到了三四万的标准，不少家庭因此不堪重负。更甚者，男方家要在订婚之前将楼房建好，否则女方不承认婚约。

这样一来，一个男子将婚结下来要花上7至8万，有的甚至接近10万，造成当地家庭对生儿子的恐慌。许多贫困的家庭因建不起房、交不成彩礼而婚姻告破，越来越多大龄男子结不了婚。当地农民感慨，"生一个儿子最好，生两个哭一场，三个儿子要垮掉"，"多子多福气"变成了"多子多冤家"。该地区的生育观念发生了强制性变迁。

女方家庭索要巨额彩礼，要求男方建好房子才答应结婚，许多家庭根本无力提供，或在交清规定好的彩礼后无力建房，或交纳了大部分彩礼礼金，尚遗留一部分交不上，女方即以此为由解除婚约，但把原因归结为男方。新的共识于是出现了：男方提供不了足够的彩礼和房子，是其在解除婚姻中的过错，女方可以据此不退还彩礼。出现这种情况男方家庭一般会请村组干部出面调解。在同一个婚姻圈和市场圈中，地方性共识相差无几。村组干部出面解决高额彩礼问题，一般不是要给男方追回彩礼，而是尽量将彩礼降到双方都能接受的程度而使婚姻成立。

我们调查的崔桥村王盘小组组长孟富贵，就曾经常介入此类高价婚姻。有一次，女方家庭要置办一台摩托车作为嫁妆，钱当然得男方从彩礼中出。孟富贵将道理讲清楚，女方同意将陪嫁摩托车改为陪嫁自行车，礼金也随之降了数千元，这缓解了男方家庭的压力，也使婚姻不至告吹。另一次，女方要求男方的彩礼"万里挑一"，11000元，男方根本无法负担。孟富贵出面后，女方的要求变成了4000元，降幅之大，连调解人自己都觉得很满意。孟富贵的调解解决了新共识中家庭困难的男子既娶不回媳妇，又丢了彩礼的尴尬局面。

对于男方执意要解除婚约，又想索回高额彩礼的情况，村组干部则会联合家族族长及其他有名望的人集体向此人施压，以确保当地婚姻的基本共识不至于被败坏：得了好处还想卖乖，哪有这样的道理？谁破坏了共识，谁就会遭到来自村庄、家族和村民集体情感的惩罚。因此，在地方性共识及规范和伦理还很强的村庄，男方主动提出解除婚约是无法对自己的损失进行"救济"的。

三

税费改革后，乡村社会出现了两个趋势：一是国家法律跟进，填补了某些空白，"送法下乡"在某种程度上获得成功。二是村组干部以及乡村社会精英从村庄政治社会生活中退出，农村的很多矛盾纠纷只能求助于政府和法律。

与税费改革极其配套的乡镇体制改革，改变了乡镇司法所原来的职能设置。乡镇司法所原来隶属乡镇政府，参与负责完成乡镇的中心工作，现在则由县司法局垂直领导，不受乡镇的牵制。这样它就有更多的时间与精力放在自己的本职工作上，也只有做好自己的本职工作才能符合上级考核。于是，各种"送法""放法"活动逐渐增多，司法宣传的力度也增大。典型案例在农村树立、宣传和推广，效度尤为明显，影响深刻。

在村庄里，村组干部在税改之后因为缺少了制度性的支持而逐步退出村民间的纠纷调解。他们在纠纷调解中越来越不敢下判断，不敢负责任，一有矛盾就往乡镇推。而其他的民间精英则见村组干部这些有"名"有"分"的人都懒得管村庄里的事，便觉得自己无职无名更不应该操那个心，费力还不讨好。在这种情况下，不仅村庄的边缘人物会寻求法律对自己的救济，其他的人也只能通过法律解决自己的问题。

具体到婚约纠纷中，当男方提出解除婚约，并且执意要追回一部分彩礼时，他就更可能向司法机构而非民间精英提出救济，一方面是因为地方性共识对他不利，另一方面，已经没有人再援引地方性共识对他指摘，他可以完全自由选择自己的救济渠道。

按照"新婚姻法"的理念，婚姻期间的赠与是男女双方基于结婚的目的而进行的，是一种附有解除条件的赠与，条件即婚约的解除。也就是说，只要婚约不解除，赠与就有效，彩礼就不退。2003年12月25日，最高人民法院《关于适用〈中华人民共和国婚姻法〉若干问题的解释（二）》第十条就有相应的明确规定："当事人请求返还按照习俗给付的彩礼的，如果查明属于以下情形，人民法院应当予以支持：（一）双方未办理结婚登记手续的；（二）双方办理结婚登记手续但确未共同生活的；（三）婚前给付并导致给付人生活困难的。适用前款第

（二）、（三）项的规定，应当以双方离婚为条件。"从中可以看出，订婚期间无论男女哪方悔婚，彩礼都要退还，这与农村男方悔婚不退彩礼的共识相悖。

　　法律与地方性共识和规范相冲突，人们依据后者而对前者给予规避，于是"送法下乡"法却怎么也下不了乡；而在税费改革后的扶沟地区，当法律与地方性共识发生碰撞时，地方性共识与规范并没有显示出它的强势抵抗力，而是在法律面前迅速解体。扶沟地区司法所的档案记录显示，这四五年时间因婚约财产引起的纠纷呈急剧上升的趋势，仅该年上半年崔桥镇的此类案子就有近三十起。而这类案子在税改之前是几乎看不到的。许多婚约彩礼纠纷在经过司法所调解之后，男方可以索回70%到80%的彩礼礼金，这几乎是一个农民一到两年的收入。这当然比在地方性共识作用下一分都得不到吸引人，因此只要有一例获得成功，更多的人就会效法，而置地方性共识和规范于不顾。这样的事情多了，地方性共识、规范和伦理就慢慢地不再起作用，日趋萎缩成人们的历史记忆。农民主动迎法下乡的时代开始了。

六 农民家庭怎么分化?

兄弟为什么会竞争

在大冶的下郑自然湾调查时，我们发现这个不到二百人的湾子，里面的建筑很有特点。这里的房子大概可以分为三代。第一代是老式房子，这些房子紧挨在一起，间隙很小，多数房子甚至还共着墙壁。第二代房子比第一代要高大宽敞些，其特点是较为稀疏，房子的大小不均等，朝向不统一。很多房子前后左右都有大块大块的空地，空地的面积不等，有的可以做半所房子，有的则可以做上两所房子，有的只有数平方米。这些空地打乱了村落的整体布局。第三代房子少数建于老村落内，多数散落在村落外围，大小不等。这样三代房子不同的建筑地点和方式，使村落看起来很不规整。

下郑的郑老师给我们解释说，是兄弟之间的相互嫉妒造成了这样的局面。

一

郑老师说的兄弟之间，不仅仅是指亲兄弟之间，还包括五服之内的亲房关系。在当地，由"一根堂"分支下来的亲族家庭，称为"祖邻"，即从同一个祖宗而来的邻居，从血缘上讲，还十分地亲近。一根堂除了血脉上的联系外，还享有共有财产。在大冶当地，这样的共有财产主要是宅基地和祖坟山。祖坟山的共有，除了涉及与其他房头、宗族的纷争之外，在亲族内部并不会被挪为他用，也不会引发纷争。

问题就出在宅基地上，因为其涉及每一户的切身利益。因为宅基地是共有财产，不可能一户人家独霸，将其用来做宅基地，或者晒谷场，或做猪圈、厕所。若哪户人家需要使用共有的宅基地，必然就有个协商、分配的问题，亲族内部需要达成一致。第一代房子之间不存在空隙，亲房都住在一起，十分紧凑，主要是因为亲房内部在建房子之前已经达成了共同意见；第二代、第三代房子的混乱布局则告诉我们，亲房内部的一致性出现了问题。郑老师感叹："祖邻之间的地基，（谁也）别想做房子。"既然祖邻之间的地基做不了房子，就只能到村落外边去寻找新的宅基地建房。

是什么原因在阻碍着祖邻之间、兄弟之间达成一致意见？郑老师的解释给了我们很大的启发。他说："在农村，你家发了财，别人家嫉妒，就算是兄弟、妯娌之间也嫉妒，祖邻、亲房之间也嫉妒。你发了财，有钱，想做房子，（但是）那块好地基，大家都有份，你想做，（出于嫉妒）一家都不让，不让你方便，不让你做好，为此打架的多得很。就是我在地基上、路旁边栽的一棵树，也别想挖掉搞走。"

正是这种"我穷我做不起，你发财，一寸都不让你"的风气、思想，也就是亲房、兄弟之间的竞争思想，在阻碍着祖邻之间相互给方便、行好事。发了财的人，要想在一块比较好的共有地基上盖房子，要处理、协调很多关系，而且基本上是搞不成的——"我这个好地基让给你？不可能！"

那么，问题又来了，为什么之前能够搞得好，给方便，现在不行了？

怀着妒忌、竞争这些不平衡的感觉，人们通过对好于自己状况的人打压，不给方便，不行好事，来达到新的心理平衡。中国农村一向有平均主义的传统。而当农村改革开放后，农民之间出现了分化，各家庭之间开始滋生竞争意识。当这种竞争意识一旦纠结于血缘之中时，就更显得光怪陆离。

二

根据我们的调查，解放前农村也有竞争，但一般存在于房头之间，宗族、村落之间，或一个地方与其相近地方之间，这些竞争很大程度上体现了小团体的意志。人们会为了小团体而牺牲个人和家庭。即使到现在，也可以在一些宗族、房头势力较强的地方看到这种为"大私"（宗族房头）牺牲"小私"（小家庭）的英勇举动。在湘粤边界，传统上经常有分属两省份的不同宗族为着历史的仇恨和当下的利益而发生宗族械斗，甚至有械斗中村民判刑入狱，刑满释放后受到村民欢迎的极端情况。

传统上，在亲房内部的竞争是很稀少的。不仅如此，是互助的行动逻辑在支撑着亲房内部农民的行为，这一逻辑事实上形塑着这个集团的整体面貌。互助逻辑是"自己人"的逻辑，是"自己人"相互提携、体恤、互帮互助、融为一体的行动机制。在亲房内部，任何个体家庭的行为都不是个体所独有的，任何一种行为及其结果都是集体性的、公共性的。离开了亲房其他人的集体行动，个体意义上的任何行为都不能成立，不能获得应有的意义，行为及其行为的意义都是由亲房赋予的。即是说，每个人的行为及其结果，都要被看作集体的一部分。

具体来说，亲房中任何一个人的成功，比如考学、做官、发财，都不是其一个人、一个家庭努力的结果，而是整个亲房、房头，乃至宗族"共抬"的结果。因此，这一成功是众多行为的集合，众人拾柴火焰高，你的成功即便是最高的"火焰"，也得靠众人的"拾柴"才有可能，否则就无所谓"火焰"。而且，即使其他人没有直接为你的成功出力，或者资助，或者鼓励，在一个亲房、宗族村落里，人们也算是间接地帮过忙。湘南俗谚说："鱼大塘里出"——你这条鱼再大，也是我们这口塘里培育出来的，挖塘的、灌水的、养鱼的，甚至在塘里游泳的，都对你这条大鱼的成长做出过或多或少的贡献。因此，你的成功，不能完全看作个体奋斗的结果，而是众人培育的结果，也是集体的荣耀。

不仅成功者个人会感觉到自己的成功非一人之功，亲房里其他人也自然而然地这么认为。大家都是这么个想法：你现在的成功，我是有功劳的，我是出过力的，因此，我是很有面子，好像是自己的儿子成功一样，讲出去自己脸上都有光。

我本人回家就经常感受到这样的氛围，很多叔叔、婶婶、伯娘都这样拉着我的手，谈我小时候在他们家玩耍时有多乖，他们带我有多亲,现在脸上有多光彩。这些都是农村人发自内心的想法,不是在邀功领赏。

也正是因为一个人的成功非一人之功,而是众人之力的结果,有这样一个地方性共识的存在,人们就会将这一成功纳入自我的评价体系当中,他的成功即我的成功,既然也是我的成功,也就不存在相互之间的嫉妒之心了。过去,一个村出一个大学生,确实是举全村之力,也是全村的荣耀。

三

回到建房子的例子。在1980年代初,水村的杨书轻家有叔伯兄弟十个,为长的杨大哥家人口较多,四个儿子,一个女儿,生活比较拮据,一时很难将新房子建立起来。但他有几个叔伯兄弟在1981年、1982年都要建新房子,他二话没说,几乎整年都在操劳他们建房子的事情,其他叔伯兄弟在他的带领下也相互帮忙、相互支持,都在那几年换了新房。这是互助的逻辑在起作用,虽然他自己没有建新房子,但看着兄弟的房子一栋栋建起来,杨大哥内心亦感到很轻松,很自豪。外边的人也这样看待他,说他很有本事,这么多房子都在他手上建起来了。可以说,每一栋房子都凝结了杨大哥和其他兄弟的心血和劳动,缺少了其中的某个人,都很难说房子能在那个时候建起来。因此,每建一栋房子,骄傲的、脸上有光的不只是哪一家,而是整个亲房。老礼生杨书煌在接受访谈时,还很自豪地说本房头那几年普遍盖的新房,是亲房的本事,是亲房互帮互助的成果。

在涉及亲房公共财产的问题上,那个时候人们基本上能够很容易妥协,愿意给人方便。有人希望能在哪块共有土地上建房子,先跟亲房里管事的说说,然后再由管事的领着到其他祖邻去沟通。大家一听说要建房子,说:"是好事,是大事,我们屋里又要起一栋新屋啊,(让宅基地)可以啊,怎么不可以呢?"虽然肯定有些人家不那么开通,可能自己本打算过几年用那块地来建房,但最终会通气的。

这样的案例很普遍。杨书案老人家有兄弟七个,祖上留下一块十分像样的宅基地,很多侄子都盯着它,但是因为他在亲房里说了算,所以谁也没有去争夺。他开亲房会议定了这地是谁的,就是谁的,其他人不再有意见,也不存在补偿其他人的问题。这样,形成了传统的居住格局,血缘较近的一群人总是在居住地域上也较近。这是相互给便利,相互支援的结果。

这是一个非竞争、给方便的时代,或者说,这是亲房、管事、说得上话的人的时代。在这个时代,共有财产是亲房、房头维系的纽带,是"屋里人""一屋人"的象征,可带来荣耀,带来团结。能够在共有财产上很快达成分配共识,能够给他人方便或做出让步的亲房、房头,都能在当地获得很好的评价,成为此类事情的榜样。

但是,这个时代一旦过去,公有财产就会成为问题、产生问题,成为亲房、祖邻关系的死结。

四

"分田到户"之后，农村经历了不断的改革开放。在农村内部，个人被解放，个人能力被释放出来，个人的因素在成功学中越来越显著，而相反，亲房、房头等集体的力量则被遮蔽。

这时，一个人的成功往往被更多地看成个人努力的结果，而非"众人抬一人"的结果。农民之间开始出现分化，亲房、兄弟家庭之间开始出现差距。分化必然带来竞争，竞争更被活生生地拉进了亲房里头，亲房成了家庭竞争的主要场域，而且尤为激烈。

亲房里的竞争之所以尤为激烈，是因为竞争被掺杂进了血缘的因素。道理很简单，血缘越近，相互比较、被人比较就会越多，越强烈。血缘较近的人，祖先、智力、学识、经济基础、社会经验、关系网络等各方面的前提和基础起初都相差无几，比较起来有原点。这就像人们常说的，同一个母亲生的，"差别咋就那么大呢"。

原点的相近，凸显了个人能力的差别。血缘最近的莫过于兄弟。兄弟之间的关系在竞争中就会表现得很怪异：一方面，对外还是拧成一股绳，兄弟多力量大，别人不敢来惹；另一方面，兄弟竞争也特别突出，谁都不想被人看作个人能力上的弱者，遂极力自我表现。但是个人素质、把握机遇的能力肯定有所差别，因此，家庭中每个个人的发展肯定不一致，某个时间段的竞争总会有落后者和成功者，落后者就会嫉妒。这是一种不平衡的心态,是不得已的不服气,是"丢面子"后的表现。

落后者总是想达到某种程度上的重新平衡,除了通过个人的努力,还有就是针对竞争对方的举动,比如不合作,不给方便,甚至拆台作梗,暗中搞鬼,背后奚落,等等。

在共有宅基地的问题中,则表现为谁也不希望另一家在这里首先盖上房子。因为这意味着自己的落后,人家的先进,掉的是自己的面子,抬的是人家的脸面。于是,谁也不让谁,谁也不会首先松口,迫使对方到外边另选择地基,增加对方的成本和不方便(如水源,道路,交往等)。如此,共有的宅基地就会空出一块很大的地方,村落内部不少这样的空地就是这样形成的。

五

通过增加对方的成本和不方便,达到自己心态上的平衡,这是祖邻、兄弟竞争的逻辑。

这类竞争在农村越来越普遍,其后果是兄弟间的矛盾日积月累,越来越深,兄弟感情也因此淡化。有的兄弟竞争甚至从原点开始计较:为什么你我会如此之不同,原因就是"你托了祖人的福"——父母亲留给你的,为你做的要比为我多些,我受惠于父母的比你的少,由此引发兄弟间无休止的矛盾和争吵,甚至影响到父母老人的各方面福利。

现在大冶、湘南农村的兄弟关系是对内竞争、对外团结。以后,竞争会给这类关系带来什么?

竞争总是从内部开始的。竞争是否最终会导致内部的分化瓦解，矛盾从隐性到显性，从对外保持团结、对内竞争，到内外都不留情面；从相互团结、众人抬一人，到相互攻讦，相互争夺财产，最终分崩离析？若缺少"众人抬一人"这样的成功学机制，兄弟、亲房内部的竞争很可能是宗族、房头势力强大的农村地区迈向原子化的一条导火索。

竞争压力何以传到老人身上？

2014年6月初，我们一行八人赴湖北应城农村，进行为期十五天的驻村调研。到应城市后，我们打的进村。的士司机陈师傅听说我是搞农村调研的，主动提到现在农村老年人过得不好。由于近年一直在关注农村老年人自杀问题，我便接过话茬追问："你们这边农村有没有非正常死亡的老年人？"话音刚落，陈师傅直接答道："我们这边老年人有不少都是非正常死亡的，很多都不是在医院死的。"

陈师傅的话让我有些吃惊。陈师傅是应城市义和镇人，之前在村里面做木匠，近几年才到应城市开出租车。他对农村还是相当了解的。

一

根据我后来的调查，江汉平原的老年人自杀类型很多，既有爆发家庭矛盾、纠纷后自杀的，也有因为子代不养老、辱骂、殴打、嫌弃而自杀的，还有得病后自杀的，另有觉得自己太老了是子女的累赘而自杀的，等等。需要追问的是：农民家庭因为什么而引发婆媳矛盾、亲子矛盾？子代因什么缘故而不养老或辱骂、嫌弃自己的父母？为什么农村老年人会在得病后自杀？为什么农村老年人会觉得自己太老了而成了子女的累赘？

调查发现，老年人自杀的直接的、表面的原因背后，是子代在面对村庄生活的负担时所做出的一些选择。引发家庭矛盾的事由多半是老年人不给子代带小孩、照看家庭，或者吃喝用度过多，不节俭等；老年人得病之后，既需要人照顾（如果有老伴照顾还好，没有老伴就需要子女照顾），也需要花钱医治，平添子女的负担；年纪大了，不能劳动，成了子女纯粹的负担。也就是说，老年人在各个方面都表现出"负担"的一面，这些负担会增加而不是减少子代的压力，使得子代的生活较没有这些"负担"的人家要逊色些，或者赶不上人家，或者被人家赶上。

农民对"负担"的感知，是通过生活的压力表现出来的。而生活的压力则来自分化后农民之间的竞争。有了竞争才会有压力，没有竞争就不存在压力。

二

农民分化是竞争的前提。

在一个均质的村庄社会里，农民之间分化较小，大家在血缘和地缘上都是"自己人"，经济地位差距不大，生活水平相差无几，通过互助合作的方式共同支撑彼此的生活，使日子过下去，使后代繁衍下去。这样的村庄社会没有竞争，或者竞争不大。大家都差不多，也就不会相互攀比，不会因为相互间的差距而给对方造成追求平等或至少"不差"的压力。

一旦农民分化，相互之间的"自己人"感觉淡化，经济和社会地位上出现分层，出现了等级界别，农民家庭之间就开始相互竞争和攀比。谁也不服谁，谁也不甘落后，相互比较着往前赶，往上走。这样就会给每个农民家庭都带来压力与焦虑，越是落后的家庭，压力越大，越希望千方百计地赶上前，期待与人家平起平坐，甚至超过别人。

三

从分化性质的角度，可以将农民分化划分为横向分化与纵向分化。

农民的横向分化是指水平方向上农民之间的分化，主要包括职业分疏、时空分离和社会关系的疏远。职业分疏，指的是农民从之前清一色的务农群体，分化成务农、务工、经商、兼业等不同的职业群体。职业上的分化必然带来农民群体在时空上的分离。在职业未分疏之前，农民在农业时间与村庄场域的共同时空内，生产、生活、交往和闲暇的时空都较为一致，相互之间的交往较为密切。职业分疏之后，时空也开始分离，务农者的时间安排与务工者、经商者的时间安排很不一致，空间上就更不在一块，因此即便是"离土不离乡"，农民在时空点上的交集也比以往少。关系疏远，主要是指农村传统的血缘地缘关系的淡化，即农民相互之间在社会交往与社会关系上由紧密到疏离的变化。职业分疏与时空分离是农村血缘地缘关系淡化的重要原因，其他原因还有国家政权下乡、历次政治运动、市场经济等方面的冲击，以及农村竞争的反作用等。

血缘地缘关系的淡化或理性化，是农民横向分化最基本的表现。农民关系理性化之后，思维和行为就不再受血缘地缘关系的束缚，一切以个体家庭利益最大化为考量标准。农民相互间不再将对方（即便是兄弟）当作"自己人"，不再将对方的成功、成就当作自己的成功和成就，"你的是你的，我的是我的，分得很清楚。""亲兄弟明算账"，相互之间各顾各的，不再因为兄弟家搞得好而生发荣耀感，而是开始产生嫉妒心理，也要拼命地赶上甚至超过。在这种心理的刺激下，分化的农民之间开始展开激烈的竞争，这一点在1980年代"分田到户"之后就已初见雏形。当时农民由大集体走向分户经营，家家户户的起点都差不多，尤其是兄弟、堂兄弟之间，同宗同根，血缘很近，家庭条件差不多，即竞争的原点相差无几。因此，一旦有人在经济条件、家庭打理上超过其他人，很快就会在村庄层面表现出来，带来明显的纵向分化，其他人就会觉得丢了面子，也要迎头赶上。农村的竞争便是从这里开始的。

农民的纵向分化，指的是在经济、社会关系和权力等方面资源占有上的差异，以及由此带来的村庄社会地位的等级区别。这是典型的韦伯意义上的分化内涵，符合农村的现实情况。纵向分化是一种等级、位阶的差别，它要表达的是社会占有的不平等与资源分配的不均衡。在当前农村，农民对社会关系和权力等资源的占有，体现在对市场和经济机会的占有上，最终体现为经济条件的差别。也就是说,农民纵向上的分化往往表现为单一的经济条件的等级差别,经济条件越好,在村庄中的地位就越高,反之则低。

农民横向分化带来竞争,竞争导致农民家庭的纵向分化,而纵向分化越凸显,农民之间的竞争就越强烈,进而加剧农民的横向分化。

四

在分化与竞争的村庄社会,成功和成就的标准也随之发生改变。不再是中规中矩,遵守村落道德和地方性规范的人成为人们的模范,而是经济上、社会上取得了成功者成为人们竞相效仿的对象。改革开放以后,不同时期村庄关于成功的标准不尽相同,但基本上集中在经济和物质消费层面。只有在这方面达到了村庄的基本标准,一个农民家庭才算是获得了成功,在村庄里面才能获得人们的承认和认可,才会有面子,有底气,才可以进入村庄的主流生活。参与村庄竞争成为村庄社会最大的政治正确,其他的一切都为此服务,自动退出竞争或被村庄竞争甩出的人是没有面子的,只能生活在村庄的边缘。

农民家庭的竞争推动着村庄成功标准攀升。因为,随着农民分化的加剧,农民相互之间的竞争也加剧;农民之间的竞争愈发激烈,农民所感受到的压力就越来越大;竞争所带来的压力越大,就越要勒紧裤腰带,把家庭所有能动用的资源与劳动力都调动起来,为竞争出力,以缓解压力。农民不可能去掠夺他人的财产，只能"向内用力"，即过度"剥削"家庭劳动力，缩减家庭不必要的开支。

这种向内用力的方式，必然导致农民家庭之间互助合作减少，人们都巴不得对方失败，独自己成功，而不是共同进步。因此，竞争的压力反过来会导致农民之间的血缘地缘关系进一步分化，"自己人"认同进一步降低，通过互助合作来共同完成某些事项，使大家都获益的可能性降低。在公共事务上，谁都希望人家多出一点，自己少出一点，搭人家的便车，占大家的便宜。

这样，分化、竞争与社会压力三者之间就形成负反馈，构成循环上升、相互加强的关系。即，分化越大，竞争越激烈；竞争越激烈，压力越大；压力越大，越需要向内用力，而不是向外互助合作，农民之间的分化和竞争复加剧。

五

在农村传统习惯中，宗亲关系要重于姻亲关系。农村还有"远亲不如近邻"的说法，说明传统上邻居的关系也要超过亲戚关系。然而，自改革开放以后，农村的宗亲和邻里关系就不断萎缩，姻亲关系在家庭关系中不断凸显，目前姻亲关系已超越宗亲关系、邻里关系，成为农民最重要的关系。

之所以会偏重姻亲，与农民参与村庄竞争有关系。

生活在村庄中的宗亲、邻里之间是竞争关系，大家都向内用力，对外节省资源，都不希望自己的资源被其他人家所利用，增加了人家的竞争力。兄弟之间尤其如此，因而村庄内的互助合作与帮扶提携就会比较少。

面对激烈的竞争，除了向内用力，姻亲是农民最可能求助的对象。首先，姻亲关系一般在村庄之外，不处在农民的竞争范围，既然不是农民的竞争对象，就有可能提供帮助。其次，姻亲也是血缘最近的亲属关系，娘家有义务帮助自家女儿在夫家立足和安身，女儿也有感情给予回馈。这样，在一个没有竞争关系的血缘近亲中实现资源共享和互助合作，就成为必然，农民也就愿意花更多的时间和精力来加强姻亲关系。可以这么说，农民的竞争压力越大，其对姻亲的依赖程度就越高，姻亲关系就越重于宗亲关系。所以，看到来给农民家庭帮忙插秧的多是妇女娘家的亲戚，而不是夫家的兄弟、堂兄弟，也就不足为奇了。

六

在越来越大的竞争压力下，农民向内用力，最大限度地整合和调动家庭劳动力投入竞争之中，而那些不能被调动，甚至成了纯粹消耗家庭有限资源的家庭成员，显然就成了家庭参与竞争的"累赘"和"负担"。每个家庭都希望有更多的劳动力投入，获得更多的收入，同时有更少的负担，这样才能轻装上阵，尽快尽早地取得竞争的胜利。在高度的竞争压力下，传统的道德文化被摒弃，竞争本身在去道德化的语境中被奉为至高无上的法则，参与竞争是最大的政治正确。在该意识形态的指引下，不参与家庭的竞争，消极对待家庭竞争，不为家庭贡献力量，或者成为家庭参与竞争之负累的人，不仅没有话语权和合理性，而且应该受到批判和指摘。成为家庭竞争的负担和累赘的会是哪些人？生病了、不能劳动了、需要其他劳动力照顾的老年人首当其冲，虽然这不包括所有的农村老年人。

在村庄的竞争中，不同阶层的家庭因资源禀赋不同，承受的压力也不同。处在上层的阶层，经济、社会关系和权力等资源禀赋较高，在竞争中能够调动的资源就越多，也就容易达到村庄成功的标准，所受的压力因而较少。同时，他们在竞争中胜出后，又不断地抬高和刷新村庄的竞争标准。处在下层的农民家庭相关资源较少，能够动员的资源和机会也较少，除非费九牛二虎之力，否则难以达到上层农民制定的成功标准，他们所承受的竞争压力因而较上层大很多。这便是说，由于农民的纵向分化，村庄竞争的压力有向下层农民家庭积聚的趋势，即下层农民家庭承受更多的竞争压力。竞争越激烈，上层越能刷新标准，下层承受的竞争压力就越大，就越需要向内用力，过度剥削家庭成员的劳动力，同时越希望甩掉包袱，丢掉负担。

在农村高度的竞争过程中，家庭中的每个人都承受着巨大的压力，都希望为家庭分担点负担。其中，压力最大的是中年人——他们上有父母要赡养，下有子女要买房、成婚和进城。中年人正是家庭中的壮劳动力，可以通过过度剥削自己的劳动力为家庭的竞争贡献力量。他们一个劲地为着家庭的竞争奔波，已经忙得不可开交，折腾得不像个人了，再无法腾出额外的时间、精力和金钱来照顾老年人,就在有意或无意间忽略了老年人。这既被村庄社会所理解,也被老年人自己所理解。

如此,家庭竞争的压力就通过代际关系转移至老年人身上。在当前农村代际关系中,老年人已经成为弱势群体,不再占有家庭经济大权和其他资源,他们一旦丧失了自食其力的能力,仅仅是子代的被接济者。老年人唯一可以为家庭参与竞争做的,只有尽量不向子代要吃要喝、要钱治病,尽量自己照顾自己,尽量压缩自己的生活质量,不给子代惹麻烦、添负担。当老年人无法照顾自己,成了子代纯粹的负担,唯有尽早结束自己的生命才可以给子代减负。这就是说,家庭竞争的很大部分压力最终由老年人承担下来。

农村血缘地缘关系在瓦解

城市阶层关系研究中，血缘地缘关系对阶层关系的作用不是研究者考虑的问题。因为城市是陌生人社会，阶层虽然在现实中真实存在，但在研究中是抽象的，阶层之间只有阶层关系而没有其他。即便是处在一个阶层中的人与另一阶层中的人有血缘或地缘关系，也属于个别现象，不会影响阶层关系。但在微观的、具象的村庄中，不能不正视血缘地缘关系对农民分化及农民层级关系的影响。这是中国农村特有的社会镜像。

在西方，阶层是在中世纪血缘地缘关系被破除之后形成的一种社会结合方式，因此阶层关系天生就与血缘地缘关系对立，在相关理论中，也没有给血缘地缘关系留一丝余地。而中国农村传统的社会关系是建立在血缘地缘关系之上的，农村社会的其他一切关系都是血缘地缘关系的派生物或附属。三十多年的改革开放对农村社会的影响之一，是使均质的农村社会出现了阶层分化。由阶层分化所产生的阶层关系不再以血缘地缘关系为基础，不再由后者所派生，而是对立而生，它是独立的社会关系，在某种程度上甚至超越血缘地缘关系。

在既存在血缘地缘关系，又存在阶层关系的农村社会中，二者的关系及其影响是很值得考察的社会学命题。

一

血缘地缘关系对阶层关系的影响。血缘地缘关系是平衡阶层分化的力量，平衡的程度和效度与其自身的强弱有很大的关系。在血缘地缘关系较强的宗族地区，制度性的宗族社会结构和观念层面的宗族意识都对村民的交往关系产生较大影响，经济等分化再大，都可能被血缘地缘强关系所融化，因此，当地农村即便在社会交往上有分化，分化也不会太大，阶层之间的关系会较为紧密。这种情况下，虽然经济收入上的上层阶层内部交往比较频繁和紧密，但这种横向关系不会肢解纵向的阶层关系，纵向关系依然很自然（无隔阂）、很紧密。若经济等分化较小，则血缘地缘关系占绝对优势，社会分化就更不明显。

若血缘地缘关系强度较小，经济等分化较大时，前者不仅无法平衡分化的力量，反而会被阶层关系撕裂得支离破碎，无法再影响阶层之间的关系。然而，在上层阶层，血缘地缘关系又会成为其内部凝聚更紧密关系的重要纽带，他们相互之间讲血缘亲情、讲人情面子。此时，血缘地缘关系不再作为价值理性而凝结人与人之间的关系，而是作为工具理性存在，因为阶层内部由共同的利益、权力等关系凝结，血缘地缘只是加强这一关系的工具。这是发达地区和城郊农村的典型。血缘地域关系强度较小，经济等分化属于中度时，阶层关系是主要的社会关系，血缘地缘关系依然发挥一定作用，平衡部分分化力量，起沟通阶层关系的作用。这类关系在长江中上游村庄较为普遍。血缘地缘关系强度较低，经济等分化也属于低度时，前者发挥工具理性的作用，既沟通阶层之间的关系，也沟通阶层内部关系。

二

血缘地缘关系的作用机制，有两种情况，一种是直接发挥作用，另一种是间接发挥作用。

直接发挥作用，是指阶层之间在发生交互关系时，相互都将血缘地缘关系作为自己的行为准则，怎样行为要将血亲情谊和人情面子考虑在里头。如果一方没有考虑血缘地缘关系，就会受到另一方和村庄社会的指责，说他"不认人"（荆门人语）；如果两方都不考虑相互间的血缘地缘关系，完全按照陌生人规则行事，双方关系就会变得紧张；如果不考虑血缘地缘关系，又没受到对方和他人的指摘，就说明血缘地缘关系不起作用了。

间接发挥作用，是指通过一个"中介"阶层作为桥梁、纽带而沟通另两个阶层的关系，使血缘地缘关系发挥作用。这种情况发生的前提是，（多个）上层阶层与（多个）下层阶层之间有很深的隔阂或者是对立关系，双方之间无法正常沟通，但又需要发生关系，这时就需要找"中介"阶层进行沟通。这个"中介"阶层一般与两个当事阶层都有交往关系，受他们信赖。在这里，血缘地缘关系首先在A阶层与B阶层之间发挥作用，转化为B阶层的血亲情谊和人情面子，然后通过B阶层，在B阶层与C阶层发挥作用，从而在A阶层与C阶层之间发挥作用，使

A阶层和C阶层在间接交往中,由于血缘地缘关系的润滑而发生良性互动。典型的如A要借助C的超社区关系网络,但他们之间没有直接的联系,于是找到B,通过B的人情面子,C决定帮A的忙;又有C要参与村庄竞选,需要拉A的选票,但其一向与A没有交往,B与A倒有很深的交往,于是C通过B去做A的工作,A则给B人情面子,投票给了C。

这个过程有两个值得注意的地方:一是A阶层与C阶层之间一般是因为阶层差距较大而有隔阂,交往不深,而作为"中介"的B阶层则肯定与双方差距都不大,才会跟两个阶层都有关系,因此B阶层就是该阶层结构中的中间/中等阶层;二是血缘地缘关系在B阶层中有个转换的过程,即A的血亲情谊和人情面子,在A、B的交互关系中已经转换成了B的血亲情谊和人情面子,C帮助A是因为给B面子,而不是看A的面子。

根据调研,我国农村发展的态势是血缘地缘关系正快速被阶层关系所取代,尤其是在沿海发达地区,阶层关系逐渐成为农村的主要社会关系。血缘地缘关系在阶层间的影响力越来越小,而在阶层内部扮演的工具性角色越来越重要。

不同地区农民分化的差异

农民分化是指农民由一致性向异质性转变的过程，包括职业、经济、权力和社会关系等方面的分化。其中，经济分化是主导，往往会带来其他方面的分化。社会关系上的分化包括居住、消费、生产生活和社会交往等诸方面。农民分化在社会结构上体现为农民被分化为不同的阶层。同时，农村也有社会整合的力量，即将分化的农民整合起来，使得村庄社会不至于分化过大而解体。农村社会的整合因素很多，其中最主要的是血缘地缘关系。农民分化受血缘地缘关系的影响较大。血缘地缘关系在农民分化中起着中和的作用，它使经济上的分化不至于导致过度、过大的社会层面的分化。由于不同农村地区血缘地缘关系的差异，经济分化的程度也不尽相同，这些地区农民分化的程度也就不一样，大致有高度、中度和低度分化之分，在社会层面进而表现为各地区农村阶层关系的差异性。

阶层关系是社会关系的一种基本形态，是由于社会资源在不同社会群体中的分配方式或配置方式的差异而造成的一种纵向差异关系，它体现为处在一定地位结构中不同位置的社会成员之间的交往关系、互动模式与行动逻辑。就农村而言，把握农村阶层关系的性质和状况，是把握农村阶层关系的真正内涵，理解当前农村社会问题与现状的前提。根据我的调查，我国不同农村地区阶层关系的性质有很大的差异，主要有合作关系、竞争关系与对立关系三种理想类型。决定阶层关系性质的根本因素是农民的分化程度，这三种阶层关系分别对应农民的低度分化、中度分化和高度分化三种分化状况。

一

农民的低度分化意味着农村的社会分化程度较低，阶层之间的界限不是很明显。根据农村调研经验，有两种原因可以导致农民的低度分化：一是因为村庄的职业、经济和权力分化不明显，二是即便职业、经济、权力等有较大分化，但由于血缘地缘关系的作用，相应的社会分化没有发生。这两种意义上的低度分化，都会导致合作性质的阶层关系。

就前一种低度分化来说，村庄在各个方面，尤其是在职业、经济和权力上的分化都不是很大，在一定意义上与传统村庄接近，但事实上又已经出现分化，有阶层的影子。这是大部分山区村庄的生态，它是小农经济加打工经济的典型，家庭中通过代际分工将两种经济形态完美地结合在一起，家庭收入中的60%通过子代外出务工获得，40%通过父代在家务农获得。这样，家庭之间在经济收入和职业分化上差别都不大。同时，村庄权力也没有完全脱离村庄，村庄政治精英多数也还在务农，与一般农户之间的分化不大，隔膜较少。因此，在这样的村庄，阶层之间的关系是合作关系，社会关系较为和谐。由于农民职业和收入的分化程度较低，农户对生产、生活和社会交往（闲暇）的安排步调都具有高度一致性，农户间的相互依赖程度较高，这为他们之间的互助合作提供了前提。

第二种低度分化，即经济、政治、文化及其他方面的较大分化并未导致社会关系的相应分化，是综合因素的结果，其中最主要的因素是血缘地缘关系足够强大。这种情况主要出现在我国南方和北方宗族型村庄。在这类村庄，宗族的社会结构保存较为完整，血缘内部还有一定的等级序列和结构体系，宗族"自己人"观念还较为强烈，宗族或家族、房支还是人们的认同单位，其内部还有一定的一致行动能力。在行动和处事规则上，血亲情谊和人情面子仍然具有主导性的地位，人们很难搁下血亲情谊或不要人情面子，否则就会被宗族排斥和边缘化。正是由于高强度的血缘地缘关系及其规则，冲抵了经济等分化的"负向"社会影响，经济等分化所特有的规则并没有被带进社会交往领域，使得农民呈现程度较低的分化状态。相反，血缘地缘关系要求人们讲究血亲情谊和人情面子，在经济分层上层的农户有责任带动下层农户"共同致富"。这就是浙江义乌小商品市场能够发达、江西安义农民得以占据全国七成铝合金生意、湖南新化农民占据全国九成印务市场的重要缘故。

阶层之间的合作关系，为阶层间的沟通提供了多种类型的沟通渠道，阶层间的关系较为缓和，阶层矛盾较少。阶层关系不是村庄治理中要处理的主要事务。

二

农民中度分化的村庄集中在长江中游和上游，以四川、湖北和安徽为典型。在这类村庄，富裕农户皆已搬出村庄之外，在省会或地市级城市安家落户。这些人既不参与村庄建设，也不参加村庄的生产、生活和社会交往，更不参与村庄的价值生产，不在乎村庄的社会评价。因此，他们对于村庄政治社会的影响力较弱。除去这些人，村庄的经济收入水平虽有层次之分，但差距不是太大。同时，该区域农村的血缘地缘关系已零散和碎片化，没有宗族之类的组织，家族观念很淡薄，人情面子观念尽管还起作用，但是不再支配人们的日常生活和村庄的政治社会事务。村庄的阶层分化和阶层关系故而受血缘地缘关系和人情面子观念的影响较小，受经济、社会关系和其他资源占有多少的支配较大。因此，这些村庄的阶层分化较宗族型村庄的阶层分化要纯粹得多，经济等分化会带来明显的社会和社会关系的分化。在这里，经济等方面的分化属于中等水平，以致其社会分化也在中等水平，不是太高，亦不会太低。阶层之间有明显的界限，但相互之间在经济收入、社会关系水平和资源占有方面的差距不是特别大，阶层间的流动比较畅通和频繁。

阶层的中度分化与阶层间的竞争关系相匹配和对应，是因为经济收入水平差别不大是阶层关系发生竞争的前提。所有的比较和竞争都是在跟自己最近的人之间发生的。随着属于村庄经济结构最上层的富人阶层搬走，相互比较的就是留在村庄里的其他各阶层农户，他们的经济水平虽有差距，但不是很大，可以很容易达到和追上比自己阶层地位高的农户。同样，处在相对较高位置的农户，其经济水平较人家高不了多少，也很容易被别人追赶上，或者稍有不慎便掉入低层。所以，对于相对下层的农户而言，相对上层并非高不可攀，通过自己的努力去攀登，是可能办到的事；而处在相对上层的农户，则需要提防人们的超越或自己的跌落，也需要不断地努力使自己的水平往更高水平上跃升。这些村庄就形成了一个阶层之间、农户之间你追我赶的竞争态势。

阶层间的竞争主要是社会性层面的竞争，即获得面子、尊重和承认。竞争的载体主要体现在消费方面，诸如耐用消费品（摩托车、电视、冰箱、洗衣机、手机、空调、热水器，是一应俱全，还是缺哪样）、楼房（什么样的楼房，是在村路边建，还是在镇上建、在县城买）、孩子上学（是在村小上，还是在镇上或县市中小学）、休闲娱乐（是在村里、镇上打麻将，还是在县城茶馆喝茶，或垂钓、旅游），等等。消费体现的是阶层的品味、地位与"区隔"，消费上去了，这些东西也就上去了。上层阶层不断地制造新的消费，下层阶层要紧紧地跟随，或者赶超，稍不留意，就会被甩得很远。农户参与消费的竞争、释放地位焦虑的方式之一是代际分工和代际剥削。

阶层间的竞争在阶层关系上一般表现得比较稳定、平和而有活力。在有的村庄，各阶层为了竞争而相互争夺村庄资源，可能导致阶层间的冲突。

三

在沿海农村地区，农民的高度分化相对常见。

在这类村庄，原来的血缘地缘关系不是很强烈，缺乏结构性的宗族力量，村民"自己人""同地方人"的观念很淡薄，相互之间的认同感较低。经济上的高度分化又最大限度地肢解了本身就很脆弱的血亲情谊和人情面子观念。于是在富人阶层与其他阶层之间，基本上不再讲血亲情谊和人情面子，相互之间甚至连人情往来都断绝了。血缘地缘关系不是沟通富人阶层与其他阶层关系的纽带。但是在阶层内部，尤其是在富人阶层内部，人情往来使人们相互之间结成了更紧密的关系、建构更长的关系链条。于是村庄里就形成了两个明显的人情圈子。一个是富人阶层的人情圈，被纳入这个人情圈的都是有头有脸、能够支付巨额人情礼金的人物，其他阶层的农户被排斥在外。另一个是中下层和下层农民的人情圈，这个人情圈里是清一色的普通农户，与权力、富裕和威望不沾边，他们的人情礼金较少，一般人都支付得起。这样，富人阶层与其他阶层形成了很深的隔阂，相互之间难以有实质性的往来。

更为重要的是，富人阶层凭借其掌握的丰厚资源，对其他阶层构成了一定的排斥效应。

在村庄内部，由于其强大的经济实力与个人声望，富人阶层往往能在政治上形成一股强大的力量。富人治村的优势在于，他们担任村干部不是为了捞钱，还能从自己的口袋里掏钱给村里办事；由于其拥有优越的超社区关系资源和体制性资源,富人村干部能够通过跑项目为村里搞建设。村里很快形成了一种只有富人才能当村干部的政治舆论和政治意识,而穷人一没钱,二没关系,即便当村干部不是为了自己捞钱,也搞不成事。这样,广大普通农民就被排斥在村庄政治生活之外。

社会生活方面形成的排斥体现在两个方面。

一是人情排斥。人情是一个地域社会关系主要的凝结剂,只要有人情往来,双方就有关系,交往就不同于陌生人之间的交往,要给对方面子、卖人情;没有人情往来,或人情断了,即意味着双方没关系。高度分化的村庄,富人阶层摆阔气、讲排场,突破传统的人情规矩,酒席上讲阔气,普遍提高了人情账单,下层农村因交不起人情礼,无法与富人互通人情。双方的人情没了,社会关系也就断了。最终,富人在富人圈子里建立了独立的人情圈,而将其他阶层的人排斥在外。人情的排斥是很重要的社会排斥,它表明富人阶层独享村庄和超社区的社会关系资源,其他阶层被排斥在这个社会资源之外,所能利用的资源也越来越少,阶层地位就会越来越封闭,越来越没有上升的可能。相反,富人阶层形成了自我的良性循环,不断地保持其优势地位。

另一种社会排斥是规则的排斥。富人阶层垄断对社会成就和竞争标准的定义,将其内部的标准用于整个村庄层面,这对其他阶层产生了极其负面的效应。从成就标准来说,富人的成就标准主要是经济实力,一个人只有在经济上获得成功,才能得到他人的尊重,其人生才有意义、有价值。这也使得所有的社会声望都集中在富人阶层,其他阶层无论怎么做,都得不到他人的承认。就竞争标准而言，富人阶层定的标准，如人情竞争的标准，是为富人量身定做的，其他阶层的人难以达到，于是他们就索性退出村庄的社会性竞争，不再希图在村庄中获得面子、价值和荣耀。

富人阶层对其他阶层的排斥，造成了对后者自尊心的普遍伤害。自尊心或有尊严的生活，是一个人活着的目标和动力，在农村往往表现为一股"气"：人最不能忍受的不是贫穷，而是被人看不起。被伤害了自尊心，就会"气得要死"，就会为了一口"气"而抗争。

四

以上论述揭示，在不同村庄或不同区域的农村，阶层关系的性质和状况是有差异的，而造成这一点的原因主要是阶层间社会分化的程度不同。经济、声望和权力的分化是否带来了相应的社会交往分化是本文分析的关键。

当经济、声望和权力的分化较低，而相应的社会交往分化也较低，或者前者分化虽然较高，但因为村庄内部存在较强的平衡和整合分化的力量，典型的如血缘地缘关系，使后者维持在较低水平时，阶层关系具有合作性质。当经济、声望和权力的分化导致社会交往的分化呈现中度状态时，由于阶层间的攀比和相互比较，阶层关系带有明显的竞争性质。而当社会交往分化呈高度分化时，阶层间的对立性会主导阶层关系。当然，这里并不是说一个村庄只有一类阶层关系，三种关系可同时同地存在，但是主导该村庄的阶层关系却可能只有一种。

不同阶层关系的规模性、矛盾性及发生频率有差异，其中，规模较大、矛盾深刻、发生频率高的阶层关系在村庄社会结构和阶层结构中影响较大，成为主导性的阶层关系，它支配、制约并决定那些影响较小的阶层关系，由此使得村庄整体的阶层关系明显地带上了它的性质和特征。譬如，在合作性质的阶层关系中，可能也存在阶层间的竞争关系，但竞争因为有合作的限制而无法向恶性发展，更多的是共同进步。因此，在考察农村阶层关系的性质和状况时，要区分不同阶层关系的重要程度、影响力大小，对它们进行排序，以便准确地对阶层关系进行定性，有针对性地提出应对方案，使阶层关系更为和谐、阶层结构更加合理。

农村中的去阶层分化现象

最近若干年在各地农村跑,有这么一个印象,除了发达地区、城郊农村外,广大中西部农村地区虽然存在农民分化,有的地方分化甚至比较大,却没有形成明显的阶层。在这些地区,农民在权力、经济、职业、消费水平和社会关系等方面的分化,并没有带来他们之间在社会交往、闲暇方式、社会活动、人情往来、价值观念、行为逻辑等诸多方面的明显界限,更难说得上阶层区隔。为什么广大中西部农村没有出现明显的阶层分化呢?或许正如贺雪峰教授所说,农村存在某种去阶层分化的机制。

一

农村传统的血缘地缘关系,在中华人民共和国的历次政治运动中遭受重创,并受到改革开放后市场经济、人口流动、新观念等方面的冲击,由其支撑的权力结构被摧毁,宗亲内部不再有统一的组织行动和等级秩序。尽管如此,在当前广大中西部农村,血缘地缘关系仍然是当地人际关联和社会结合的基本方式,人们的血缘地缘认同较强。

在血缘层面，家族、宗族所具有的组织性和等级性虽然已减弱，但宗族内部"自己人"观念和认同仍然存在，宗亲还具备一致行动能力。在地缘层面，人情构成了没有血缘关系的农民之间的主要凝聚方式，他们之间通过人情往来建构"自己人"关系。"自己人"关系，是一种互为义务的社会关联，人们相互之间要求提携、帮扶、救济、体谅、宽忍等，在交往中讲究血亲情谊和人情面子，讲究做事不走极端、留有余地。在这些原则的主导下，农村社会关系相对和谐。

当农村社会分化之后，血缘地缘关系就在分化的农民之间起着沟通、连接和润滑的作用，以"中和"农民的分化，消解农民分化的负向影响，使农民之间不因权力、财富和社会关系资源的差距而产生较大的隔阂。富裕农民仍能够与贫穷农民在同一张桌子上吃饭，相对落后的农民也不因贫富差距而自觉低人一等，不同层级的农民之间交流没有心理障碍。如果哪个富裕农民在村庄里摆谱，自恃高人一等，不屑于跟其他农民来往，其他农民就会对他进行集体排斥，尤其是当他遇到大事（如婚丧嫁娶）时，便没有人出面帮忙，置其于"社区性死亡"之境。

这样，分化之后的农民虽然有层级之间的分野，却难以形成具有主观认同和客观意识的独立阶层。分化的层级之间在关系、信息、资源等方面的交流相对畅通。处在不同层级的农民之间既有攀比竞争，又有互助合作，使得农村社会既充满活力，又有人情味。

血缘地缘关系在农村去阶层分化中，通过两重机制发挥作用：

　　血缘地缘关系超越层级内部关系。在农村，通过血缘地缘建构起来的关系，比因农民分化而出现的关系——层级内部关系——要紧密和重要得多。这是熟人社会中"差序格局"的一般性规则使然：血缘关系越近，关系越重要，也越优先；村庄内部"自己人"关系要重于"外人"关系；等等。农民分化之后，即便同一层级的农民在权力、财富、职业、观念和社会关系等方面都极其相似，而与同族同村人有较大差别，在社会交往的亲疏远近上，也仍得优先考虑血缘地缘关系，在关系需要取舍时尤其如此。假设两个不同姓氏的富人同处村庄的上层，有密切的交往，而他们各自同时又有处于下层的兄弟和族人，关系的孰轻孰重是很明显的——富人与兄弟及族人的关系要比与同一阶层的另一富人的关系要紧密、重要得多；在关系的处理上，富人层级内部关系要让位于不同层级的兄弟、族人关系。

　　层级之间的关系受制于血缘地缘关系。血缘关系内部讲究的是血亲情谊和兄弟情结，地缘关系通过人情建构人与人之间的关系，是血缘关系的投射，服务于血缘关系，在交往中讲究人情面子。因此，在同一血缘内部，不同层级农民之间的关系受血缘地缘的约束，也要讲究血亲情谊和人情面子，不能完全按照利益关系、法律等陌生人关系来处理。在血缘地缘关系内部，经济条件较好的上层有接济、帮扶经济条件不好的下层成员的义务。富裕农民之间可以有紧密的交往，但其内部不能进行封闭圈层、垄断资源和排斥其他农民。在土地出租、买卖中，有宗亲先买的传统。

总之，层级内部关系和层级间关系不是独立存在的社会关系，而是嵌入血缘地缘关系之中，并受后者规约。如此，即便在农民发生分化之后，各层级农民仍处在同一个血缘地缘关系之中，并按照原来的交往规则行为，不能取消与其他层级农民的关系，这使得各层级内部无法自行其是，形成不了独立的交往规则和行为逻辑，无法催生阶层边界和阶层意识，独立的阶层也就成长不起来。

二

广大中西部农村地区经济分化不显著，使农民阶层分化不明显，这与该地区农民家庭的"半工半耕"的收入结构相关。这种收入结构使大部分农民家庭的经济收入保持在农村的"中等收入水平"上。简单来说，在这些地区，有约5%的农民家庭通过在外经商、办工厂等发家致富，成为村庄里的先富家庭，另约15%的农民家庭因为老弱病残、家庭负担重、土地较少、没有壮劳动力、无法外出务工经商等缘故，只能耕种少量土地，生活处于拮据和贫弱状态。而80%的农民家庭则通过"以代际分工为基础的半工半耕"获得家庭收入，即家庭中青壮劳动力外出务工经商兼业，老年人在家务农、照看家庭。

首先，"以代际分工为基础的半工半耕"收入结构增加了农民家庭的经济收入。该结构意味着一个家庭的收入由两部分构成，一是年轻夫妇在外务工、经商或兼业的收入，一般占家庭总收入的60%~70%不等，二是老年人在家务农的收入，一般占家庭总收入的30%~40%不等。普遍的情况是，一对年轻夫妇在城市务工（经商、兼业），除去日常开支，一般到年底能够带回家1.5万元至3万元不等，不甚节约的家庭，则一般在1.5万元左右。只有少数从事技术、管理工种的农民的年收入可以超过3万。在家务农的老年人一般在50岁至70岁之间，伴随着农耕机械化程度的提高，耕作的劳动强度大大降低，在重体力活请工的情况下，可以耕种数亩到十几亩不等的土地，获得几千块钱到1万元不等的收入。

务工和务农两笔收入加在一起，就可以达到农村中等收入水平（2至4万元）。有了这笔收入，一个农民家庭的生活若没有大笔应急开支，生活就可以相对宽裕，在满足家庭基本生活的情况下，尚能有相当的结余用于完成劳动力再生产、就医上学、建房娶妻、养老送终，以及参与村庄的面子竞争。对于一个半工半耕家庭来说，这两笔收入都不可或缺，缺了哪一笔，都会使家庭生活质量下降。

其次，该结构降低了农民家庭的消费支出。农村"半工半耕"家庭有一个显著特点，即其大部分收入不用于城市的高消费。在当前农民工工资结构和城乡二元结构的限制下，中国农村95%的年轻夫妇外出务工的目的，不是为了在城市立足和扩大在城市的消费，而是将大部分务工收入反向输入农村。一方面，农村年轻夫妇务工会尽量缩减自己在城里的开支，以带回农村更多的钱。当他们回到农村后，由于农村的物价相对较低，他们在农村的消费开支较城市又要低许多。

另一方面，年轻夫妇外出务工，老年人在家务农并照看孙辈,老年人和小孩的生活在农村展开,这是一种低成本地完成劳动力再生产的方式,仅这一项就为农村家庭节省了大量开支。调查发现,一对青壮年轻夫妇外出务工如果不带小孩,一年可以带回3万块钱;若他们把小孩也接到城里,就得腾出人手来照顾他,送孩子上幼儿园、小学,以及为其购买城市(婴幼儿)物品等,那么他们年终能带回家的一般不会超过1万块钱。如果老年人也搬到城里生活,年轻夫妇根本应付不过来。

老年人在家务农,除了能维持自己和小孩的生活外,还可以降低其他货币化支出。老年人种地本身是一种休闲农业,为老年人锻炼身体、活动筋骨提供了方便,也是一种打发时间的方式,"没事就到田里去看看"。老年人自种的瓜果蔬菜大米,自养的鸡鸭鹅猪牛羊等,为农家生活提供了丰富的蛋白、维生素和能量,提高了农村生活和健康的水平,多余的农副产品还可以投入市场,赚点零花钱。农家有自建的房屋院落,既宽敞透亮,又方便邻里间相互走家串户,交往频繁而不至孤独寂寞。农村烧的柴火来自山上或田埂、河岸上,无须买卖。如此等等,这些都是老年人在家种地带来的隐性收入和福利,降低了农民的货币化支出。

综合起来,当前"以代际分工为基础的半工半耕"结构总体上提高了农民家庭的经济收入,增加了农民的社会福利,使得大部分农民家庭能够达到农村"中等收入水平"。当前农村80%的家庭的收入都通过该结构来获得,说明广大中西部农村差不多被一个"比上不足比下有余"的中等收入水平人群所占领。进而说明,这些地区的农民经济上的分化不彻底、不明显，而经济又是社会分化的基础，也就决定了当地农民在政治权力、社区关系和超社区关系上的分野不会太大。同时，由于经济上的差距不大，农民不会在经济上撕裂和分割村庄，农民家庭在生活水平、生活方式、消费水平、闲暇类型、交往群体、劳动时间、作业方式、宗教信仰等方面虽有一定的差异和分化，但不会太大，总体上保持相似。这是由于一个庞大的中等收入者群体的存在，他们相近的生活方式、行为逻辑和思想观念会辐射到整个村庄，成为村庄的主流并影响乃至支配其他人。在村庄内部，人口约占5%的富裕农民，以及约占15%的贫弱农户不会成为一个拥有自己独立观念和行为逻辑的实体，也就无法形成阶层的认同和阶层意识。

三

"上层走出村庄"，说的是农民的生活面向和价值取向，是转向村庄，还是朝向城市。村庄不仅是农民赖以生产、生活和社会交往的单元，也是农民的宗教。农民通过归属于村庄，在村庄熟人社会中获得认可，来体现和体验活着的价值和生命的意义。农民活着的意义，归根到底，是为了在村庄中过上体面而有尊严的生活，获得社会声望和地位，得到人们的承认和赞赏。这意味着村庄具有价值生产能力，人们看重村庄对个人的评价，在意自己在村庄中的言行举止。在这个意义上，村庄本身就是农民的宗教和终极目的——外出务工累死累活、节衣缩食，为的就是能回到村庄享受受人尊重、有面子的人生。

为此，个体和家庭必须通过主观努力去达到村庄所设定的要求。村庄内部的比较、竞争也成为必然。

随着市场经济的发展，村庄体面生活的标准愈发趋向经济消费。只有达到了某种经济消费水准，一个家庭的生活才算体面，才能获得他人的认可。达不到这个消费水准，则会被人"瞧不起"。并且，消费水准会随着最有消费能力群体的引领而不断抬高。当前，村庄中最有消费能力的是占少数（约5%）的先富农民，最欠缺消费能力的是处于村庄最底层的家庭（约15%）。中等收入层级的消费能力也处在中等水平。在这种情况下，如果先富农民也参与村庄中的消费竞争，希望通过在消费水准上的胜出在村庄中获得承认，村庄的社会性竞争规则往往会参照先富农民而定，因而水平较高，也使得竞争较为激烈。先富农民凭借自己丰厚的经济实力，在村庄中进行炫耀性消费，引领村庄消费竞争的潮流，从而使其能够达到的消费水平成为村庄其他层级农民竞争的"参照系"或"标的"，即只有他们的成功才算是成功，只有达到他们的水平才算是成功人士，才能获得面子；其他层级，尤其是最底层农民则因为无论怎么努力，也达不到富裕农民制定的成就标准，最终被迫退出竞争，成为被村庄竞争体系甩出来的没有面子和地位的人。但是，在广大中西部地区，真实的情况是先富农民搬出了村庄，在城市定居。他们不再参与村庄的价值生产，也不介入村庄的面子竞争。

当先富农民搬出村庄后，他们的消费标准无论有多高，都不再是其他层级农民的参照标准。那么，村庄最具消费能力的群体就变成占人口80%的广大中等收入者,他们的消费水平会成为村庄新的参照系,农民的竞争开始围绕这个标准展开,目标不是确保中等收入的位置,就是成为新的中等收入者。中等收入的目标相对较低,在这样的竞争氛围下,农民只要稍加努力就能够达成目标,使自己成为村庄的"成功人士",过上体面、有尊严、有地位甚至有话语权的生活。

如此,每个农民家庭都会积极朝着这个目标走。即便是处在最底层的农民,也怀信心,认为自己是暂时达不到中等收入水平,而不是永久达不到,是自己运气不好,而不是命该如此;或者觉得现在没有达到是因为子女还小,负担大,只要子女都长大成人,成了壮劳动力,家庭收入水平很快就上去了,等等。他们认定,只要家庭及周遭环境一改变,他们就会成为中等收入者。这样,每个农民在主观上都不会认为自己是底层人,更不会认为其他人高人一等,既不会主观上自我排斥,也不会自甘落后和认命。因此,这些农村地区就难以形成有形的阶层和主观的阶层排序。

广大中西部农村代表中国农村的主流,这里没有出现显著的阶层分化和负向的阶层关系,对于中国农村保持稳定,进而成为现代化和城市化的蓄水池和稳定器具有重要意义。"农村去阶层分化"的提出,对于研究中国农村社会分化的逻辑和机理,以及中国本土阶层研究来说是一个潜在的理论贡献,它提出了新的问题,揭示了新的研究方向和领域。

后　记

　　2007年至今，我已在全国十多个省市累计驻村调查超过八百天。每次农村调查，特别是集体调查，都会产生非常多的学术灵感。调查之后，除了及时撰写调查报告和论文之外，还得做的一件事情是写随笔。

　　写随笔的好处是大胆随意，不受论文规范约束，率性而发，直抒胸臆。写作的策略是"一事一议"，不及其余，对问题、点子和逻辑链条进行短平快的铺展论证。写随笔的用意，在于通过写来训练逻辑思维能力和问题构建能力。每篇三五千字，花的时间不多，锻炼的效果却很明显。

　　当然，很多点子或问题之所以较适合于写成随笔，是因为对它们的认识还不够深刻，面也很窄，难以写成论文。但一旦就某个问题写成随笔，这些思考就会是后续调研、思考的基础，成为自己跟自己对话的对象。一个村庄的调研，写就10篇左右的随笔，基本上对村庄主要的政治社会现象都进行了一番思考，对该村庄就会有整体性认识和把握。在调研与写作的交替中，不断积累，不断拓展对农村问题的认识，逐渐形成村庄研究的经验质感。在这个过程中，对具体问题的思考也就丰满立体了起来，积攒起来的小点子也长大了。

历次调查积攒了不少随笔，有些永远沉寂在了损毁的电脑中，有些曾挂在"三农中国网"上而得以保存，选取其中30篇编撰此书。

这本书能够出版，首先受益于华中村治研究团队的所有成员，正是与他们一同调查和面对面的讨论，才有了写作的灵感和冲动。贺雪峰教授向来提倡随笔写作，自己更是身体力行，写了大量有思想有影响的随笔，他甚至将随笔写作提高到学生培养和团队建设的战略高度。我在其中受益匪浅。罗兴佐教授的随笔很精致，很多是我琢磨学习的模板。同学田先红教授一向把科研当作生活的常态，在繁忙的调查研究之余，为书稿撰写序言着实费了一番功夫。与在武汉的吕德文、郭亮、刘燕舞、桂晓伟、桂华、王德福、夏柱智等同仁的学术讨论收获颇丰，不少随笔直接脱胎于讨论会。

在书稿的编撰上，不得不提到吕普生、杨柳等几位友人。在数年前，他们怀着极大的勇气和耐力阅读了冗长艰涩的初稿，逐字句雕饰，整体上提意见。不仅耗费了他们大量的时间和精力，对他们的意志力也是极大的考验。

湖南师范大学的张润泽教授十几年来一直关注我的成长，并时常叮嘱我要立足长远、劳逸结合。在我之前任职的单位，洪明教授、蔡孝恒教授一向对我关心备至、宽容有加，尽量为我创造良好的科研环境。

在此一并表示感谢。

2020年5月18日于漫兮书屋